〈同志社大学ヒューマン・セキュリティ研究叢書〉

社会の安全と不安全

保護されるとはどういうことか

ロベール・カステル●著

庭田茂吉●アンヌ・ゴノン●岩﨑陽子●訳

Robert Castel

L'insécurité sociale

萌書房

凡例

一、本書は、Robert Castel, *L'insécurité sociale: Qu'est-ce qu'être protégé?*, Éditions du Seuil et La République des Idées, 2003 の全訳である。

一、原文中のイタリック体は、傍点を付した。ただし、書名や誌紙名については『 』で括ってそれを表した。

一、原注は全篇にわたる通し番号の脚注形式であるが、翻訳にあたっては、各章ごとに、（1）、（2）、（3）……とし、巻末の「注」にまとめた。

一、訳者による補足ついては、各章ごとの当該箇所に〔1〕、〔2〕、〔3〕……を付し、巻末の「注」の原注の直後に挿入した。

はじめに

保護は、大きく二類型に区別できる。市民的保護（protection civile）は基本的自由を保証し、法治国家の枠内で財産や人間の安全を確保する。社会的保護（protection sociale）は、病気、事故、貧しい老後、最悪の場合には、社会的零落にもなりうる生活上の変転のような、諸個人の状況の悪化を伴いかねない主要なリスクに対して「カバーする」。この二つの視点からすると、おそらくわれわれは、少なくとも発展した諸国において、かつてなかったほど最も安心できる社会で生きていることになる。裁判が迅速で独裁が恒常的であった共同体は、平和が維持されず内戦によって分裂しているが、西欧や北米から眺めると、遠い過去の遺産に見える。戦争の亡霊、暴力の恐ろしい配達人は、自分で遠くへ行ってしまった。しかし、今やそれは、「文明化された」世界の周辺をうろつき、しばしば猛威をふるう。諸条件のもろさの結果であり、かつて大部分の人々に、「その日その日」を、ちょっとした不慮の事故の危険にさらされながら生きることを強いた、恒常的な社会的不安全も同様にわれわれから遠ざかっていった。われわれの生存は、誕生から死まで、もはや安全の網の目なしには、進展しない。「社会保障」と呼ばれる財の一つは、大多数の人々にとって一つの権利になっており、健康、教育、老齢化に伴う諸困難、身体的及び精神的障害といったものを引き受ける大量の保健社会制度を産んだ。そのために、この社会類型は、何らかの仕方で権利上、社会の構成員の安全に保険をかける「保険社会」と記述されうるようになったのである。

しかしながら、保護に囲まれ保護が行き渡った社会であっても、安全上の懸念が至るところにある。不安感が血と涙という代償を払ったことや昔の生活がいかにつらく残酷であったかを忘れてしまった富める者の幻想でしかないと主張したとしても、この懸念についての確認事項の厄介な性格からは逃げられないだろう。不安感は、われわれの現実の一部になり、われわれの社会的経験の構造を形成するほど、強い社会的・政治的影響力を持っている。暴力や社会的転落の最も深刻な形態は広く抑制されているのに対して、安全に対する心配はその語の本来の意味でまさに大衆的な懸念であるということを認めなければならない。

このパラドックスをどのように説明すべきか。それは、あたかも不安全と保護とが集合的経験の相反する二つの帳簿であるかのように、両者を対立させてはならないという仮説を立てることに帰着する。近代の不安全は保護の不在ではなく、むしろ保護の裏面であり、保護のための際限のない要求、あるいは度を超えた安全の追求を中心に設計された社会的世界に生じた保護の影であろう。このような条件において、保護されるとはどのようなことであろうか。それは、生存のあらゆるリスクを完全に統御できるという確信の中に身を置いているというのではなく、むしろ安全化のシステムに囲まれて生きるということである。しかし、このシステムは複雑で脆弱な構築物であり、自分の任務に背き、自分がもたらす期待を裏切るというリスクを持つ。そうであれば、保護の追求はそれ自身不安全を作り出すことになる。その理由は、不安感が意識の直接与件ではないからである。不安感は、逆に、さまざまな歴史的形態にぴったり重なっている。なぜなら、安全と不安全は、ある社会が適切な仕方で保障したりしなかったりする、いろいろな保護の類型に対する関係だからである。言い換えると、今日保護されるとは脅かされるということでもある。したがって、それが挑戦であるとすれば、応じるべきそれは、現代の社会における保護‐不安全、あるいは保障‐リスクのあいまいな関係の特有の形状をよりよく理解することであろう。

ここで、この仮説の妥当性を検証するための分析の方針を提案したい。その導きの糸は、近代社会が不安全という腐葉土の上に作られたのはそれが諸個人の社会だからであり、この社会が自分自身の中にも自分を直接取り巻いているものの中にも個人の保護を確保する力を見出せない社会だからであるということである。この社会は、それが個人の地位の向上と深く結び付いているということが正しいとすれば、個人に高い評価を与えると同時に個人の傷つきやすさをも助長することになるのである。ここから、保護の追求はこの種の社会の発展と一体であることが帰結する。しかし、この保護の追求は、いくつかの面で、危険が常にかすかに漏れ続けているダナイデスの樽を満たすために繰り広げられる努力に似ている。不安感は、実際に人々を脅かしている現実の危険に正確に比例するものではない。むしろそれは、社会的に構築された保護への期待と、実際に保護に当たる社会の事実上の力とのあいだのずれの結果なのである。要するに、不安全とは、かなりの程度、セキュリティ社会のメダルの裏面である。

理想からいえば、今は、保護システムの設置とそのシステムの今日までの変化とを辿り直す必要があるだろう。この変化において、保護システムの効果は、それが制圧するはずのリスクの複雑化によって、そしてまた新しいリスクやリスクに対する新しい感受性の形態の出現によって、疑わしいと思われる。この場合、当然、プログラムは完全には実現されえないであろう。したがって、保護のプロブレマティークが、自分の傷つきやすさを経験する近代の個人像を中心に再定義されるようになるところから始めて、この歩みを素描するにとどめよう。しかしまた、不安全を抑制しようとする「カバー」の二類型の違いについては強調するつもりである。一つは、市民的及び法律的保護のプロブレマティークであり、これは、法治国家の建設と、日常生活の中で個人によってもたらされた諸要求を受けてできるだけそれにかなうようにそれらの保護を具体化しようとして直面せざるをえなかった障害とに立ち返らせる。そしてもう一つは、社会的保護のプロブレマティークであり、これは、社会国家の建設と、それが主な社会的リスクから個人全員を守ろうとして遭遇する困難とに立ち返らせる。われわれが望むのは、全面的安全のプログラムを実現するために、保護のプロブレマティークのこのような二つの軸のそれぞれに関して存在する障害の本性が捉えられるならば、そしてまたこの二種類の保護を完全に重ね合わせることの不可能性が自覚されるならば、現代の不安全の問題は解明されうるだろうということである。

そのときにはおそらく、なぜ、保護のエコノミーそのものが、安全上のフラストレーションを産み出し、このフラストレーションの存在が安全の追求を中心に作られる社会と一体であるのかを理解できるようになるだろう。そして、これは二重の意味においてである。それは、第一に、保護のためのプログラムが完全に実行されることは決してありえないからであり、失望や恨みさえ生み出すからである。そしてまた、第二には、相対的にせよ、保護の成功は、ある種のリスクを抑制することで、新しいリスクを生じさせるからである。リスク概念の激増を見れば、今日それが実状である。リスクに対するこのような感受性の激化が示すのは、まさしく、安全が決して与えられるものでも獲得されるものでもないということである。なぜなら、保護されたいという熱望は、カーソルのように移動し、少し前の目標が達成されそうになるにつれて、新たな要求を生み出すからである。こうして、われわれは、市民的保護と社会的保護とに関する考察から、リスクに対する嫌悪の現代の急激な上昇への問いに導かれることになる。現代の個人は、この嫌悪のせいで、自分が全面的に安全の中にいるとは決して感じられなくなっているのである。というのも、もし心底安らかであるために生のあらゆる変転を完全に抑える必要があるとすれば、神や死を除いて、一体誰がわれわれを保護してくれるであろうか、誰も保護してくれないからである。

　しかしながら、われわれの社会において、安全への熱望がまさしく限りのない次元にまで及ぶということを自覚したからといって、そのことから保護の追求の正当性を疑問視するところまで導かれるわけではない。逆にこれは不可欠な批判的段階であり、不安全に対して最も現実主義的な仕方で立ち向かうために、すなわち市民的不安全だけではなく社会的不安全の起源でもある社会の解体の諸要因と戦うために、今日求められている歩み方を明らかにするにはどうしてもこの段階を踏み越えなければならないのである。われわれはそこにあらゆる危険から解放される保障を見出すわけではないが、今よりも不公平さの少ない世界に、今よりも人間らしい世界に住むための機会をそこで手に入れることができるかもしれない。

社会の安全と不安全——保護されるとはどういうことか——＊目次

社会の安全と不安全

——保護されるとはどういうことか——

第一章
法治国家における市民的安全

Robert Castel
L'insécurité sociale

われわれは、不安全にはさまざまな歴史的形態があると前に述べた。「前‐近代」についても事情は同じである。家族、家系、また親族の集団のまわりに張りめぐらされた絆が際立っているとき、また個人が自分の階級的秩序の位置によって定められているときには、一つの共同体への直接的帰属に基づいて本質的に確保されており、こうした共同的一体感の力にかかっている。その場合には、近親者同士の保護について語ることができる。例えば、中世ヨーロッパに君臨した典型的な農民共同体に触れる際に、ジョルジュ・デュビは「守られ、安心できる、飢えのない社会」[1]について述べている。都市においても同じく、職能団体（ギルド、ジュランド、コルポラシオン）に帰属することによって、それらの構成員は、所属集団への依存と引き換えに、構成員の安全を保証する、強制と保護の強固な二重システムの中に入り込む。飢饉や飢餓、伝染病の危機と戦争による略奪にたえずさらされているのもこの同じ社会である。しかし問題は、共同体を外から脅かし、最終的には全滅に至らしめさえするような攻撃である。この社会は、デュビが言うように、それ自身によって「保障」されている。ここでは、依存関係や相互依存関係の緊密な網の目に基づいて、構成員が守られるからである。

このような社会の中にも――ここでは記述を単純化せざるをえないが――、内的不安全（insécurité interne）が当然存在する。しかし、それは依存‐保護という共同体のシステムから切り離された個人と集団によって担われる。ヨーロッパの産業革命以前の社会において、このような危険は、浮浪者という形で、すなわち住所不定で無職の、とりわけ社会とのつながりを断ち切られた個人という形で現れた。

浮浪者問題は、こうした社会の大きな社会問題であり、浮浪者が代表しているとみなされてきた、内部から社会を転覆させ、日常生活の不安を呼び覚ますような脅威を——無駄ではあったが——根絶しようとするために、もっぱら抑圧的なありとあらゆる方策が取られた。産業革命以前の社会において、不安全とそれに対する闘争の歴史を記述したいと望むとき、その主人公とは、潜在的脅威と常に思われてきた浮浪者や、その明らかに危険な変種にほかならない強盗、悪党、アウトローといったような人々である。彼らは、ことごとく、集団的制御システムを外れて行動しているがゆえに、物理的な危害や社会的分裂を招きかねないリスクを代表するつながりなき諸個人なのである。

モデルニテと傷つきやすさ

近代の到来とともに、個人の地位は根本的に変化する。個人は、集団の一員であることとは別に、それ自身として認められるようになる。しかし逆に、だからといって、こうした集団からの独立によって、個人の身の安全が保証されるわけではない。「諸個人からなる社会」がどうなるかに関して恐ろしくも魅惑的な描写を最初に与えたのは、トマス・ホッブズである。〔1〕ホッブズは、フランスの宗教戦争とイギリスの市民戦争を通して集団的帰属に基づいて作られ伝統的信念によって正当化された社会秩序の不安定化を目撃することで、最終的に個人化のダイナミックな運動を、それが個人を完全に自分自身へと従わせるようになる地点まで推し進める。諸個人の社会は、厳密に言えば、もはや一つの社会ではなく、一つの自然状態、すなわち法、権利、政体、社会制度を持たず、個人間の激しい競争、万人の万人に対する闘いにさらされているような状態ということになるのかもしれない。

そうであれば、それは、全面的不安全社会であろう。どんな集団的統制からも解放されているので、個人は、保護し保護される力を自分自身で持たないがゆえに、際限のない脅威にさらされて生きていることになる。ダビデがゴリアトを殺すこともありうるし、そしてまた強者が――たとえそれが強者の眠っているあいだに最も弱い者がたまたま彼を冷酷にも殺してしまうということであったとしても――常に滅ぼされるということがありうるがゆえに、どんな強者の支配でさえも状況を安定させることはできない。それゆえ、保護されることへの欲求は、社会で生きていくことができるためにいかなる代償を払ってでも引き受けなければならない定言命令になりうると考えられる。このような社会は、基本的には、伝統的な強制 - 保護から切り離された個人が「一緒になる（faire société）」ためには、安全が第一条件であり、絶対的に必要な条件であるがゆえに、基本的にはセキュリティ社会と言えるかもしれない。

ホッブズは、絶対的国家の存在のうちに、このような人間と財産の安全を保証する唯一の方途を見たとされ、それゆえ、一般的には評判が芳しくない。しかしおそらく、ホッブズのような知的な勇気を少しでも持って、リヴァイアサンという専制政治がもたらすことになる至極当然な恐怖を少しのあいだ棚上げして、その専制政治が、人間学的な深い根を持つ安全への欲求に依存する全面的保護の要求に対する、極端ではあるが必要な解答でしかないということを理解しなければならない。ホッブズが言うように、「権力は大きければ大きいほどよい。なぜなら、それは保護に役立つから。そして、保護においてこそ安全は存する」[2]。またマックス・ウェーバー[2]ならば、もっと婉曲的な、論議を引き起こすことのなかった言い方で、国家は暴力行使の独占権を持つべきであると述べるであろう。しかし何にもまして、強調されることは少ないが、ホッブズの分析にはこうした一面的な見方を補う側面がある。絶対的国家は、人々を支配するために必要なあらゆる手段を動員することによって、すなわちあらゆる政治的権力を独占することによって、恐怖から諸個人を解放し、彼らが私的領域において自由に生きていくことを可能にする。恐ろしいリヴァイアサンはまた、個人が望むがままに生存し、心の底で何を望んでいるかを考えることを可能にする守護的権力である。そして、この権力は、宗教的信仰の対立（宗教的熱狂の時代に少なからずあったことだが）を和らげ、各人がそれぞれにとってよいと思ったことに着手したり、各人がそれぞれの業の成果を仲よく享受する能力に十分な配慮を示す。支払うべき代価は取るに足らないものではない。というのも、公の問題に関わることを全面的に放棄し、政治権力への追従に甘んじることが肝要だからである。しかし、その成果もまた取るに足りないものではない。というのも、放棄や追従は、唯一絶対的国家こそがその保証人である、市民社会の存在と市民の平和との条件だからである。保護者たる国家に守られて、近代人は、自分の主体性を自由に陶冶し、自然の征服に乗り出し、労働によって自然を変形し、その所有物によって独立を打ち立てることができるであろう。ホッブズは、困っている個人のために国家の社会的保護という役割が必要であると述べている。

多くの人々は、避けられぬ事情の結果、自分の労働によって生活を支えていくことができなくなるので、彼らを個人的な善意に任しておくべきではない。そうではなく、自然の必要が要求する限りで、身を任せることができるのは、コモンウェルスの法にである(3)。

私はトマス・ホッブズの擁護をするわけではないが、ホッブズが近代社会における保護の問題の根本的争点を把握するための非常に有力な図式を明らかにしたと考えている。つまり、保護されることは「自然」状態ではないのである。不安全が多かれ少なかれ偶然的な仕方で起こる突発的な出来事ではなく、近代社会における諸個人の共存と実体を等しくする一つの次元であるがゆえに、保護されることは構築された一状況なのである。たとえ社会を形成するためには共存が必要であるという理由だけからだとしても、他人との共存は間違いなく一つの幸運である。しかし、市民社会の諸価値を素朴に称賛するあらゆる人々の意には沿わないが、諸個人の利益、欲望、要するに力への意志をアプリオリに調和させるために少なくとも「見えざる手」がないとするならば、他人との共存は脅威でもある。したがって、「共に生きること」の直接的様態をただ承認するというのではない保護の構築は一つの必需品であり、それにはコストがかかる。ホッブズはこの策略を実行するために、支払うべきコストを非常に多く、確かに多すぎるぐらいかけた。しかし、なるほど不安全が諸個人からなる社会にとって不可避であり、個人が同一社会の中で共存できるためには、必然的に不安全と闘わなければならないとしても、こうした要求の結果、また、いずれ効き目が現れてくるような一連の方策を講じ、そして何よりも保護の提供者と安全の保証人の役割を果たすためには、実効的な権力を備えた国家を設立せざるをえないのである。

しかも、たとえホッブズがどちらかと言えば情け容赦のない人だという評判を与えられているとしても、その思想を詳細に検討してみれば、彼は自由主義者のバイブルになるようなものの重要な一部を逆説的かつ挑戦的に先取りしただけであり、われわれは今日まで続いてきたその足跡を見出すことができるだろう。ホッブズに比べてむしろ温厚な、自由主義の父であるとみなされているジョン・ロック[3]を始めとして。ホッブズから三〇年後、ロックは自分の活動を自由に繰り広げることによって、労働による独立をはかると同時に、自分自身と自分の財産の所有者にもなるような近代人を楽観的に讃えた[4]。

人間は自分自身の主人であり、自分の人格と、この同じ人格の活動や労働の所有者でもある。

個人はもはや依存と保護の伝統的な網の目で囲われていないのであるから、保護してくれるのは所有なのである。所有は、個人が、それによって、主人や他人の愛に頼らずにひとりで生きることができるさまざまな資力の基礎部分である。生存を左右するもの、すなわち病気、事故、もはや働くことのできない人の貧困に直面したときに、安全を確かなものにするのは所有である。そして、政治的場面で代表者を選ぶことが求められるようになって以降も、市民の自律を確保するのは所有である。この自律のおかげで、市民は自分の自由な意見を持ち、自分の自由な選択を行うことができるのであり、人は自分への投票を確実なものにするために市民を買収したり、自分のために支持者を作り出すために市民を脅迫することはできない。ロックが素描した近代共和制国家の形態において考えられる所有は、市民が独立した市民として認められるための無視しがたい支えである。

しかしロックも、財産の所有者が社会的主権を持つとしても、それだけでは十分ではないということや、個人が自分の事業を展開し、その労働の成果を安心して味わう自由を行使するには、国家の存在が不可欠であるということを理解していた。だからこそ、ロックはそこに、社会契約の根拠を、政体を用意すべき絶対的必要性を見た。

国家《コモン・ウェルス》を形成するために結合し、政府に服従する人々の本質的な目的は、自分たちの所有の維持である(5)。

所有権の擁護こそが国家の存在を正当化するのであり、国家の本質的な機能はそれを守ることにある。しかし、ここでさらに、所有という言葉によって財産の所有だけではなく、同じように財産が可能にしている自己の所有、すなわち市民の自由と独立の条件とを理解しなければならない。ロックは次のように言う。

人々は、各自の生命、自由および財産――私が一般に所有という名のもとで呼んでいるもの――を互いに認め合うために結合しようともくろむ(6)。

ロックの国家《コモン・ウェルス》は、ホッブズのリヴァイアサンではない。ロックの国家《コモン・ウェルス》は、たとえ困難であるとしても、少なくともある程度まで、市民の意志を表したものである民主主義的な代議制のさまざまな形を追い求めることもできるだろう。しかしながら、ロックがその原型を描き、近代社会において重要な位置を占めている自由主義国家は、安全を任務とする国家、すなわち人々の人格と財産とを保護すること、という国家に与えられている元々の機能を譲り渡すわけではないだろう。だからこそ、「最小国家」についても「夜警国家」についても一緒に語ることができたのである。これは矛盾ではない。この国家は公共的秩序の番人であり、個人の権利や財産の保証人であるという自分の本質的な機能に専念する法治国家である。国家は、少なくとも原則的には(実際には事情はもっと複雑であるはずだから)、社会の他の領域、例えば経済的及び社会的領域へと不当に介入することが禁じられている。しかしそれは同時に、人格とその権利の擁護に対して厳格でなければならないし、所有を脅かす敵に対しては冷酷でなければならないだろう（財産侵害に対する刑事罰であり、しかしまた、私有制の転覆をはかる集団的企てに対してはときには暴力をも辞さない鎮圧行為である）。道徳的判断にとどまるならば、自由主義国家の機能の矛盾を告発することは可能である。その場合には、自由主義国家が市民の権利や人格を擁護する法治国家として自己を確立しようと試みたことは信頼できるだろうし[7]、そしてまたこの同じ自由主義国家が一八四八年六月のパリの労働者の蜂起や一八七一年のパリ・コミューンを鎮圧したという事実には腹を立てるだろう。一方では法律至上主義に立ちながら、他方では場合によっては暴力的に、軍隊、あるいは国民軍の民兵に頼ることもある。しかし、この種の国家の根拠がまさしく保護と安全の確保にあることを理解することによって、このような明白な矛盾を取り除くことができる。この関係において、人格の保護は彼らの財産の保護と切り離すことはできない。このような国家の任務は、警察の取り締まり活動による正義の実行と治安の維持から、「不可抗力の場合」には、軍事的、あるいは準軍事的手段を必要に応じて用いることによって所有に基づく社会秩序の擁護にまで及ぶことになるだろう。

所有権は、共和国憲法のさまざまなヴァリアントにおいて何度も取り上げられながらも、一七八九年の『人権宣言』の神聖不可侵な権利の中に、偶然かあるいは無定見さによってか挿入されなかったことを想起すべきである。一階級の特権を再生産しかねない「ブルジョワジーの」所有権が単に問題であるはずはない。近代の始まりにおいて、私的所有は深い人間学的な意味を持つ。なぜなら、それは――ロックはその理解者の最初の一人であった――、伝統的な保護・従属から解放された個人がそれに基づいて自分の独立の諸条件を見出すことができる土台として現れたからである。そうでなければ、私的所有が単に革命以前あるいは革命時の保守主義者や最穏健な人々（そういってよければブルジョワの人々）によってのみ保護されていたのではなく、最も急進的な人々の代表者によっても擁護されていたということがわからなくなってしまうだろう。ルソー[4]やロベスピエール[5]、サン‐ジュスト[6]、サンキュロット[7]たちは、所有権の廃止を望んだのではなく、それに制限を加え、所有権への道を市民全員にひらいた。ロベスピエールは法律によって所有権の範囲を定義しなおすことを望み、サン‐ジュストは財産をあまり持たない人々の共和国を夢見た。なぜなら、財産を持つ個人のみが、武器を手に祖国を守ることを含めて、市民に必要な独立と自由を享受することになるからである。こうして彼らには、共和国を守ることが同時に財産を背にした自分たちの市民という身分を守ることになるのである。というのも、「愛国者の財産は神聖[8]」だからである。極端に社会から外れた集団のみが、こうした私的所有の境界を越えて思考し行動してきた、ちょうどそのために命を賭けてきたバブーフ主義者[8]たちのように。しかし、こうした集団は超‐少数派であり、今日でさえなお優勢であるような近代国家建設の場から外れたものであった（一九一七年のボルシェビキ革命の延長上で起こった東ヨーロッパやその他の地域で起こったことは除く。しかし、これは別の歴史である）。

公的安全と公的自由

したがって、一つの非常に首尾一貫した社会政治的体系があることになり、それはまず初期自由主義者たちによって提示され、多くの変遷を経て一九世紀に認められるようになる。その体系の根幹は、それが法治国家に基づく諸個人の市民生活の保護と同時に、私的所有に基づく彼らの社会的保護を確かなものとしようと望む点にある。実際に、所有制は、それが個人の独立を維持し、彼らを生存の危険から確保するという本質的機能を果たすという意味で、とりわけ社会的な制度である。二〇世紀の初頭に、シャルル・ジッド[9]も次のように述べている。

有産階級に関する限り、所有制は他のあらゆる社会制度をほとんど無用のものにしてしまうような社会制度である。[9]

このことから私的所有が、本来の意味で、社会生活の不確実性（病気、事故、失業等の場合）からわれわれを守ってくれるということを理解しなければならない。私的所有は、他人の力を借りずに社会で生きていくために必要な資力の欠如を補うために用意されているような仕組みの総体である「社会福祉」を不要にする。財産を持つ個人は自分の資力を使うことによって自分自身を守ることができるし、しかもそうしたことができるのは、所有権を保護する国家の法律の枠内においてである。この点で財産を持つ個人について言えば、われわれは確固とした社会的安全について述べることができる。市民的安全については、それは基本的自由の行使を保証し、裁判を行い、社会生活を平和に送るために監視する法治国家によって、確保される（それは日常生活において財産と人身の安全を保証するとみなされる「治安部隊」の仕事である）。

しかしながら、問題は、不安全を全面的に除去できるわけではない理想的なプログラムである。なぜなら、そうするためには、国家は、個人的であれ集団的であれ、社会の秩序を犯すあらゆる可能性を統御しなければならなくなるからである。ホッブズによって提示されたパラダイムの強みがここにある。すなわち、安全は、国家が絶対的である場合か、その場合にのみ全体的でありうるし、また国家が人身や財産の安全を侵害するいかなる意志をも無制限に制圧する権利を持つか、あるいはそうでないとしても制圧する権力を持つ場合には、全体的でありうる。しかし、国家が多かれ少なかれ民主主義的になる場合には、国家がそうなるにつれて、専制主義とか全体主義を通じてでしか完全には実現されない権力を行使する際には制約が設けられる。民主主義国家はどんな代価を払おうとも保護者ではありえない。なぜなら、保護者となるために支払うべき代価は、ホッブズの見積もった代価、すなわち国家権力の絶対主義という代価となるであろうからである。憲法擁護原則の存在、権力分立の制度化、警察力を含め、力の使用における法遵守への配慮は、絶対的権力の行使をその分制限することになり、ある不安全の条件を間接的にではあるが必然的に生み出すことになる。一つだけ例を挙げるなら、司法に携わる者による警察の統御は、治安部隊の介入の枠組みを作り、彼らの行動の自由を制限する。軽犯罪者は、法律上の形式を重視するという態度を利用することができるだろうし、一部の不法行為が恩恵を受けることができる処罰免除は、司法装置の洗練のほぼ必然的な帰結である。秩序維持に当たる責任部署の仕事ぶりが示すような「寛容主義」に対して繰り返し行われた批判は、法律上の形式の遵守への要求と、有効性だけを考慮して無条件に命令される鎮圧行為への要求との、法治国家に常に付きまとう隔たりに根本的に由来する。より一般的には、国家がリヴァイアサンのモデルを離れ、複雑な司法装置を駆使すればするほど、国家は一層構成員の絶対的保護を確保するという要求を裏切りかねない。この矛盾を乗り越えるためには、ルソーがよくわかっていたように、すべての市民が高潔であるか、あるいはすべての市民が高潔になる義務を負うかの、どちらかでなければならないだろう。しかしながら、すべての市民がみずから進んで高潔であるわけではない。むしろ事態は反対であり、そのためにこそロベスピエールが存在する。彼は、革命時代の恐怖政治の実行を経由した徳の政治の価値をわれわれに思い出させてくれる。しかし、徳が自発的でないなら、また徳を力ずくで教え込むのを拒むなら、財産と人身の絶対的な安全が法治国家においては決して完全には確保されないであろうということを認めなければならない。これは法の適用の核心をなすディレンマである。法の適用は、徐々に訴訟手続きの複雑化を招くことになり、そのことによって法的秩序が規定するものと、社会においてそれが実際に行われる仕方とのあいだの乖離は、維持され拡大しさえする。

不安全のテーマ化は、フランスの最近の選挙において、ときにヒステリックなほど猛威をふるい、今なお状況は沈静化するようには見えない。過度に安全を求めるという強迫観念と、われわれのような社会において財産と人身の上に重くのしかかっている客観的脅威とを分かつ大きな隔たりを強調するのは容易なことである。それは、例えば、今日の世界の半分以上の社会や一〇〇年前のフランス社会でも事情は変わらない[10]。だからといって、不安全問題は幻影ではない。なぜなら、それは現代社会に固有の、国家との関係の一類型を表しているからである。個人は現代社会において過剰に評価されているがゆえに、またそれと同時に自分が脆く傷つきやすいと思っているがゆえに、個人は国家が自分を保護してくれるよう国家に対して要求する。したがって、現代の社会において、「国家の需要」は多くの保護・服従が主権者の下位の帰属集団への参加によって不要になった近代以前の社会より一層強く現れている。国家の領分があまりにも拡大しすぎているという非難はあるが、今やその上でなお何よりも国家に対する圧力が高まっている。しかし、国家が法治国家であろうとするならば、こうした全面的保護の要請を裏切らざるをえない。というのも、全面的安全は、法律上の諸形式の絶対的遵守と相容れないからである。

このように考えるならば、不安感（sentiment d'insécurité）は、たとえそれが極端なまったく現実離れした形態を取ろうとも、保護の不十分さからではなく、ホッブズが近代の黎明期にその深い根源を明らかにした保護に対する需要の根本的性格から生じるということを理解できるだろう。ホッブズの天才は、われわれが近代社会における市民的安全のプロブレマティークを作り上げているパラドクスを自覚するのに役立つ。こうした諸個人の社会では、個人それ自体は近親者同士の保護の外に置かれているがゆえに、保護の需要は限りないものとなり、それは絶対主義国家の枠内でのみ果たされることになる（ホッブズは絶対主義国家が絶対王政とともにふさわしい位置を得るのを見た。それゆえ、彼の分析は単に頭で拵え上げたものではない）。しかし、この同じ社会は自由の遵守の要求と法治国家においてのみ開花しうる個人の自律性とを同時に発展させた。現代の不安感の現実的であるとともに非現実主義的な性格は、日々体験される、保護の絶対的需要と法律尊重主義との間の矛盾の結果として理解されうる。そして、法律尊重主義は、今では、より私的なものも含めたあらゆる生活領域において、法律に依拠するという行き過ぎた形で展開されている。近代人は、私生活を含め、あらゆる領域で自分の正しさが認められることを絶対的に望んでいる。その結果、裁判官や弁護士の活動の場が増える。しかし、現代人は同様に、自分の安全が日常生活の細部に至るまで保障されることを絶対的に望む。その結果、今度は、至るところで警察官が見られることになる。この二つの論理は、完全に一致することはありえないので、不安感を助長させる隔たりが残り続けることになる。さらに、この隔たりは、法律尊重主義の強化と、保護の行き過ぎた需要とのあいだに穿たれる。したがって、安全上の懸念の高まりは不安感を助長する懸念それ自身のフラストレーションを必然的にもたらすのである。

おそらく、問題は近代の民主主義の実践に内在する矛盾である。この矛盾は、そこでは安全が一つの権利であるが、しかしこの権利の実現は権利を損なう手段を用いることなしには完全には行われえないという事実によって示される。現在のフランスの政治状況が物語っているように、安全の需要が権力機関への要求となって現れるというのは意義深いことである。そして、もしこの権力機関への要求が暴走するようなことになれば、それは民主主義を脅かしかねないものになる。この場合、民主主義政府は不利な立場に陥る。民主主義政府は安全を確保することが求められ、安全の確保に失敗すれば、その寛容主義が非難され断罪されることになる。しかし、法治国家に対して要求される権威の増大は、真に民主主義的な枠内で行われるものだろうか。米国が行っているような「テロとの戦い」が問題になるにせよ、軽犯罪でも容赦しないというフランスで推奨されている「トレランス・ゼロ」[10]が問題になるにせよ、この問題に関して、他の国家をこらしめようと望むほど人権への執着を誇示する国家は、いつでも公的な自由の抑圧を行いかねないということがわかる。

第二章
保護国家における社会的安全

Robert Castel
L'insécurité sociale

不安全とは、市民的不安全であるのと同様に、社会的不安全でもある。この後者の領域において、保護されているということは個人の社会的身分を貶めかねない突然の出来事から守られているということを意味する。したがって、不安感とはこうした出来事にさらされているという意識である。働くことによって「生計を立て」られなくなることは、例えば病気、事故、失業、定年退職によるものであれ、生計維持の手段を給与から獲得する個人の社会的所属が困難になることであり、その個人が自分の資産で生活を支えることができなくなるということである。そうなれば、生きていくためには助力が必要となる。この場合、われわれは社会的リスクを、個人が社会的独立を確保できなくなる出来事として特徴づけることができるだろう。もしこうした不運から守られないならば、人は不安全を生きる羽目になる。それこそが、かつて人民と呼ばれた大半の者によって共有された昔からの経験である。明日はどうなるのだろうか。かくして一八世紀の初頭、ヴォーバン[1]は、当時の低賃金労働者の代表、すなわち日雇い労働者、人足、「肉体労働者」の状況に言及することになる。

> 彼はいつでもいつ死ぬかわからない状態にある。だから、これ以上彼の肩に重荷がかかれば、死んでしまうに違いない[1]。

この表現はかなりのものである。しかし、とりわけそれは人民層を代表する大部分の人々、特に生きるためにはあるいは生きのびるためには仕事しかないようなあらゆる人々がかつて実際に体験した状況を非常に正確に表したものである。社会的不安全は、絶えず表現されてきたわけではないが歴史を貫く一つの経験である。というのも、それを体験した人々は大抵は言葉を持たなかった――ただし暴動や反乱やその他の「人民蜂起」が社会不安によって爆発した場合を除いて――からである。しかし、この経験には世界の悲惨の大部分を作り上げてきた日常のあらゆる痛みや苦しみが詰め込まれている。

一八世紀以降優位を占めるようになる近代のイデオロギーは、この大規模な不安全問題に対して、少なくとも最初の段階ではまったく無関心であった。これまで強調されてきたように、個人の独立という近代イデオロギーの考え方は、市民の安全を保障するとみなされた法治国家と一対のものである所有権の重視を通して形成されてきた。こうした考え方を作り上げるに当たって、土地を所有していない個人という身分の問題やあるいはそもそも身分がないという問題が中心に置かれるべきであったにもかかわらず、そうはならなかった。これ以後、社会的独立の条件となる資産の土台が所有制によって守られているわけではないすべての人々、すでにマルクス〔2〕以前に用いられていた一八世紀末の無名の作家の言葉を引用すれば、「無産階級」に属す人々の事情はどうであったのか[2]。所有という支えを持たない諸個人は、シェイエス神父のような教養ある人物によって、

自由も道徳心もなく、ほとんど稼ぐことのできない手と空っぽの魂しか持たない二本足のたくさんの

道具(3)に喩えられる。

所有、あるいは労働

この中心問題は、自由主義国家構築の論理においてまったく考慮されることはなかった。ただ特に革命の熱狂時に、この問題の深刻さの一端は気づかれてはいた。一七九三年四月二五日の国民公会議における山岳派の一議員アルマンの発言は、それを示している。この発言は、後になってみれば驚くほど明瞭である。

正しくあろうとする人間は、権利上の政治的平等を得たのち、最も強く実際に望まれるのが事実上の平等への欲望であることを私とともに認めるであろう。もっと言えば、こうした事実上の平等への欲望や希望がなければ権利上の平等は残酷な幻想にすぎなくなるであろう。それは、権利上の平等が約束する楽しみをもたらすのではなく、市民の最も有用な大多数の人々にタンタロスの苦しみだけを味わわせることになるだろう(4)。

この「市民の最も有用な大多数の人々」とは、所有するものを持たない労働者の総体である。しかしアルマンは、所有権の遵守（彼によれば必要不可欠とされる）がこの「欲望」の実現の乗り越えがたい障害になることをよくわかっていた。彼は、次のように付け加えている。

社会制度は、自然に認められているわけではない事実上の不平等を、土地所有権と産業所有権とを侵害することなしに、いかにして人間に与えることができるのか。農地均分法と資産分割なしにいかにして事実上の平等にたどり着くことができるのか。

実際まさにそれは問題であり、当時この問題を解決するには共産主義以外にはありえなかった。この意味では、グラシュス・バブーフはアルマンの問いに直接的に答えたことになるが、事実上の平等を求めるバブーフ派の陰謀の惨めな失敗は、同時に、一八世紀末においてこうした解答が袋小路に行き着いたことを示すものであった。それはまるで、この問題が、可能な限り長いあいだ一九世紀に至るまで、近代国家の建設に携わってきた政治的責任者たちによって不問に付されてきたかのようである。読者は、支配者層が法治国家の市民の「市民の最も有用な大多数の人々」の社会的状況を考慮しない理由——無関心やエゴイズム、階級的侮蔑など——を好きなように解釈するであろう。(5) しかし、われわれはペーター・ワーグナー(3)とともに、リベラリズムの拡張の最初期において、「制限された自由主義的近代」について語ることができる。すなわち、例えば人権宣言において定式化された自由主義社会の計画は原理的には普遍的なものであるが、当初はごく限られた西洋キリスト教徒の人々に適用されただけであった。(6)

こうした行き詰まりが自由主義原理を実施する際の社会的条件に与えた影響は、かなりのものであり悲惨なものであった。一九世紀の「恒常的貧困」の夥しい描写が示しているのは、産業化の最初の段階における労働者や彼らの家族の悲惨さだけではない。より一般的に言えば、それは人民層の大部分を苦しめることになる恒常的な社会的不安全の状態がいつまでも続いたことである。「苦しめる（affecter）」というよりはむしろ「蝕む（infecter）」と言ったほうがよい。社会的不安全は、貧困を孕んでいるというだけではない。それは、日常生活に侵入し、社会的絆を断ち切り、諸個人の心的状態を変化させるウイルスのように、公序良俗の破壊や社会解体の原理として機能する。それは、別の文脈で用いられたリチャード・セネット(4)の表現によれば、「性格の腐蝕」をもたらす。(7)恒常的な不安全に置かれることは、現在を支配することも未来を積極的に先取りすることもできなくなるということである。これは一九世紀のモラリストたちによって倦むことなく告発された人民階級のあの「先行き不透明なこと」である。しかし不安全によって日々蝕まれている人々は、未来の自分の姿を思い浮かべたり、自分の生活を計画したりすることがどうしてできようか。社会的不安全によって、こうした生活は、行く末のはっきりしない、日々の生存をかけた戦いと化す。ここで、一九世紀のプロレタリアートに見られるようなこの種の状況を名づけるために社会的分裂（社会的凝集の反対）について語ることもできるだろう。この状況によって彼らは、これから起ることをほんの少しでも自分でどうにかするのでない限りは、恒常的不安全でもある恒常的不安定を余儀なくされる。

以上が法治国家の影の面である。法治国家には、所有によって自分の生存を確保する手段を持たない人々の状態は死角となっている。そのことによって、法治国家はホッブズが逆説的により民主主義的な仕方で提起した問題を避けている。というのも、この問題はリヴァイアサンを前にして同じ苦難に直面していた国家のすべての臣民に関わりがあるからである。すなわち、いかにして社会のすべての構成員を守るべきか。いかにして国家の枠内ですべての個人の安全を確保すべきか。市民の安全と社会の安全とにおいて権利という語を生存権として理解するならば、所有する者と所有しない者との分裂は、結局、権利を持つ者と持たざる者との分裂になる。そうならないとしたら、マルクスが言ったように、権利は「形式的」なものでしかなく、この点で彼の批判には反論の余地がない。法治国家は、恒常的な社会的不安全に覆われた大多数の労働者の社会的条件を変えることはなかった。

この状況からの脱出はいかにしてなされるべきか。言い換えれば、近代社会の構成員の全部か、あるいはほぼ全員の保護（社会的）を保障し、その構成員を完全な権利を有する諸個人にすることによって、いかにして不安全（社会的）を克服することができるのか。ここでは原理的にしか答えられない。答えの向かう先を示そうと思えば、長い説明が必要になるからである(8)。それゆえ、二点だけにしておこう。一つは、雇用をしっかりと守ることによって。もう一つは、持たざる者の権利回復を保証するために考案され実施される新しい所有様式、すなわち社会的所有を構築することによって。非常に図式的ではあるが、ほぼ一致するこれら二つの命題について説明しておこう。

第一に、労働者自身の条件に保護と権利とを加えること。その場合には、労働は、絶大な力を持つ雇用者と貧しい賃金労働者との間の擬制的契約関係（民法の「賃貸契約」）の枠内で給料が支払われるような純粋な市場関係ではなくなる。労働は、雇用、すなわち地位を与えられた一つの身分になり、その身分は最低賃金保障、労働法による保護、事故や病気の際の補償、年金保障等のような非市場的保証を含んでいる。これに応じて、労働者の状況は、明日を心配しながら日々を生きざるをえない不安定な状態ではなくなる。労働者の状況は、労働者が現在に振り回されずに未来に備えるための支えを持つことができるような、資産や保証の土台を自分のものにする給与条件になる。第二次世界大戦後に西欧で定着した「賃労働社会」において、個人のほぼすべては、保護のシステムに守られており、その社会的歴史はそのシステムの大半が労働から作られてきたことを示している。賃労働社会とは、労働力人口の大部分が賃金労働者であるような社会をいうだけではない。それはとりわけ、ほとんどすべての人々が第一に労働の地位の強化に基づいて社会的市民権を手に入れるようになる社会をいうのである。

こうした決定的変化を表現する第二の言い方がある。すなわち、この変化とは賃労働社会の構成員が私的所有と同等である社会的所有を大々的に利用できるようになったことであり、それはまた安全のための所有であるが、今やこの所有は私的所有が与えてくれる保護から排除されてきた人々の獲得物となった[9]。そうなると、私的所有によってもたらされる保護からこれまで排除されてきた人々は、これ以降、それを自由に使うことができる。社会的所有は、以前はもっぱら私的所有だけが与えてきた保護の社会的等価物という性格を持つ。例えば年金を取り上げてみよう。安心という観点から見れば、年金生活者は自分の資産によって守られた金利生活者に匹敵しうるだろう。したがって、年金は社会的不安全の最も悲劇的な現象に一つの解決をもたらすことになる。こうした現象の一つは、働けなくなって、すっかり落ちぶれ、貧救院のような不名誉な援助に頼らざるをえなくなった年老いた労働者の状況である。しかし、年金は一つの救済手段ではなく、働くことで獲得された一つの権利なのである。年金は、市場の論理によってではなく、給与の共同使用を通して作られた労働者の所得である。というのも、給与の一部は労働者の利益（間接的給与）として還元されるからである。それは、安心のための所得といってもいいようなものであり、労働の埒外で労働者の安全を保障するものなのである。

　年金は明らかに、はじめはごく些細なものであった社会的所有の現実化の一例にすぎない（一九一〇年の労働者と農民の年金に関する法律は、最も貧しい労働者のみに関わるものであった。余裕のある賃金労働者は、私的所有の論理によって自分自身を守ることができるとみなされてきたからである）。ここから、二〇世紀の特徴である賃金労働者層の共通化‐差異化の過程によってシステムの拡張を理解することができる。肉体労働に従事する賃金労働者は、もはや賃金労働者層の中心ではない。むしろ賃金労働者層は、最低賃金をもらっている人から幹部に至るまで非常に多様化している賃金労働者全体を覆うものである。しかし、賃金労働者はすべて労働の持つさまざまな保護によって守られている。こうして、年金のような社会的所有の一形式は、賃労働社会の大多数の構成員を守ることになった。ここで、年金システムと並んで、二〇世紀になってから定着し、社会保障全般に及んだ社会福祉関連法の全体について述べておく必要があるかもしれない。すなわち、それは次のようなものである。

社会保障の完全な一プランがある。それはすべての市民に生活手段を保証することを目指し、彼らが労働によって生活手段を獲得できなくなったときにはいつでもそうするのであり、当事者の代表と国家の代表とによって運営されるのである[10]。

事実、国家はこうした仕組みの中で中心的な場所を占めてきた。社会国家の発展は、保護の拡張と厳密に重なり合っている。国家の社会的役割は、本質的にリスクの軽減として果たされる。法律によって国家が強制し保証する義務を媒介にして、「国家はそれ自体巨大な保険機構である[11]」。

同胞社会

こうして、フランス国民公会議員アルマンが述べた「市民の最も有用な大多数の人々」が保護されたことになった。社会的不安全の解決は、私的所有の廃止によって行われたわけでもないし、私的所有の分割によって行われたわけでもなかった。それゆえこの解決策では、社会的条件の厳密な平等化、すなわち同じくアルマンが主張した「事実上の平等」は、実現されなかった。賃労働社会は、非常に細かく分かれており、もっと言えば不平等である。しかし、この社会は同時に非常に保護の手厚い社会でもある。したがって、給与のヒエラルキーの階段の高い者と低い者とのあいだでは、収入の違いはかなりある。しかしながら、さまざまな社会的階層は、保護を受ける同じ権利を持ち、労働の権利や社会的保護を享受する。それゆえ、おそらくこの種の社会は、不平等を前にして寛容であった。確かに、経済成長の「利益分配」をめぐる闘争には激しいものがあった。しかし、この闘争は「労使双方」のあいだでの交渉というやり方を通して行われた。この交渉は、賃金労働者層全体の条件の確実な改善を結果としてもたらしたが、実際には彼らのあいだの所得格差は同じまま残り続けた[12]。この開きが縮まらなかった以上、結局そうした過程は、当時のある種のイデオローグたちがそう信じたような、巨大な「中産階級」を生み出すことはなかったのである[13]。しかし、社会的なヒエラルキーのあらゆる水準において、一人ひとりは自分の独立を確保するために最低限の資産を自由に処分できると思われていた。

こうして実現した社会のモデルは、平等（社会的条件の「事実上の」平等という意味で）社会のそれではなく、レオン・ブルジョワ[5]の表現を借りるなら、「同胞社会」をモデルにしたものである[14]。それゆえ同胞社会は、分化、階層化した社会であるが、そのすべての成員は相互依存の関係を維持している。というのも、彼らは共同の資産と共同の権利を自由に使うことができるからである。こうして持てる者と持たざる者とが対立するという消去し難い性格は、持たざる者に保護のための条件を保障する社会的所有のお陰で克服された。国家（福祉国家、いやむしろ社会国家）は、この構築物の保証人である。すなわち、こうした保護は正当な権利であり、それらは市民権と参政権の事実上普遍的な具体的等価物である社会権の拡大をモデルにしている。

社会国家の主要な役割は、しばしばそれに与えられた再分配機能を実現することではなかった点に注目すべきである。実際、公的資金の再分配は賃労働社会の階級構造をほんの少ししか変えることはなかった。逆に、社会国家の保護的役割は本質的であった。例えば、年金である。退職年金は、給与のヒエラルキーに密接に関わっている（低所得者は少ししか退職年金をもらえず、高所得者は高い退職年金を得る）。したがって、ここには再分配はまったくない。逆に年金の保護的役割は、根本的である。というのも、それは、あらゆる賃金労働者に社会的独立の最小限の条件を保障し、したがって自分たちの「同胞」と一体化し続ける可能性を与えることになるからである。なるほど、最低賃金をもらっている人の退職年金はまるで期待できない。しかしながら、保護される前の労働者の状況に比べて、例えば産業化が始まった頃のプロレタリアートのそれと比べても、年金には大きな質的変化が見られる。事情は、健康や家族に関する保護や、そしてまた、非市場的であれ多少なりとも市場的であれ、公共サービスの発展に関する保護についても同じことが言えよう。平等社会の代わりに「同胞社会」を作り上げるのに必要な最低限の資産、機会、権利を、持たざる人々に与えることによって、社会的所有は恒常的な社会的不安全を余儀なくされた「無産階級」の権利を回復させた。

したがって、もっともうまくいった賃労働社会における国家の本質的な役割は、おそらく社会的不安全を抑えること、すなわち社会のリスクの軽減を効果的に行うことであったということがわかる。しかし、そうすることができたのは、一方では経済的な、他方では構造的ないくつかの条件においてである。今日なぜ社会的危機の軽減の効果が社会的不安全の増大によって損なわれるかを理解するためには、少なくともこれら二つの主要な条件を想起しなければならない。

こうした国家の建設を可能にした第一の条件は、経済成長である。実際、一九五三年から一九七〇年代初頭までのあいだに、生産性、消費、賃金所得が三倍になったことが見て取れる。まさしく経済的次元を超えて、賃労働社会において不平等や社会的不安全を是正する仕方を可能にした本質的要因を見なければならない。当時の組合活動家アンドレ・ベルジュロン[6]の言葉によれば、そこには、「挽かれるべき穀物」があったのである。このことは、分配されるべき剰余価値があることを意味しているだけではない。それはまた、社会問題を取り上げる際に出てくる満足を先送りする原理と呼びうるものを利用する可能性でもある。「労使双方」の交渉において、それぞれの集団は過度に要求し合い、要求が十分に達成されないと考えている。それゆえ、交渉は闘いなのである。しかし、それぞれの集団はまた、明日、半年後、あるいは一年後、もっと獲得できるだろうと考えることもできる。こうして不満足とフラストレーションは、一時的なものと受け取られる。明日は今日よりもよくなっているであろう。それは、いつの日か、不平等を少しずつ減らし、社会の中に残っている貧困と不安定の元を断ち切るという見込みへの可能性である。これこそ、未来を綱領化する可能性を当てにする社会的進歩と呼ばれるものである。こういった信頼は、イニシアティヴを取り、未来に向けられた戦略を展開する可能性を通して、完全に具体的に体験される。すなわち、住まいを所有するために借金したり、子供の大学への入学を計算したり、世代間を含めて社会的上昇の動向を予測したりすることである。

　このような未来を支配する能力は、社会的不安全に立ち向かう闘いの展望において本質的なものに思われる(15)。この能力は、賃労働社会の発展が共同資産の備蓄を最大にし、その変動を調整するものとしての国家の役割を強化する上昇の軌道に乗っているように見える限りで、機能する。というのも、こうした経済成長の期間は、また、広く行き渡った社会的保護を保証し、ケインズ〔7〕的な枠内で経済を操縦し、経済成長の過程にあって避けられない多様な職種の労使間の仲裁を行うことに努めるような、国家拡大の強力な契機だからである。われわれは、このダイナミックな運動の再検討がいかにして結果として社会的不安全を再浮上させることになるかを見るだろう。

　社会的不安全の大幅な抑制を可能にしたさまざまな要因を把握することが問題である以上、第二の決定的要因、構造上の要因を強調しなければならない。すなわち、社会的保護の取得は本質的には個人の保護団体への加入によってなされたということである。

重要なのは、各自が所有するものが段々少なくなっていき、各自が所属する集団が持つ権利が徐々に大きくなっていくということである。所有することは、規則全体によって定められた集団的地位ほどには重要ではない(16)。

実際に、労働者は、自分以外に他に頼るものを持たない個人として、ほとんど何も「所有」せず、とりわけ生きていくためには労働力を売らざるをえない。それゆえ、雇用者と被雇用者との純粋な契約関係は二人の個人の間のきわめて不平等な交換であり、そこにおいては、雇用者は、交渉を自分の意のままに進めるために、被雇用者がまったく持たない資産を持っているがゆえに、自分の条件を押し付けることができる。逆に、労使間の労働協約がある場合は、もはや孤立した個人が契約するのではない。個人はあらかじめ集団的に交渉した結果もたらされた取り決め全体に支えられており、その取り決めは団体組織である労使双方の妥協を表したものである。個人は前もって組織された団体に加入していて、その団体は雇用者を前にして自分の力を行使する。正しく表現すれば、われわれが「労使双方」という言い方をするのは、相互の関係を結ぶのがもはや個人ではなく、集団であるということを意味している。

われわれは、このような指摘を賃労働社会の制度全体に広げていくことができる。労働法や社会的保護は、集団的調整のシステムであり、団体への所属に応じて定義され、しばしばさまざまな利害集団の対立が生み出す闘争や争いの結果獲得された権利である。もはや「自然的」共同体（家族や近隣、地域集団といった「近親者同士の保護」への直接的な参加ではなく、法令によって定められ、一般に法的身分を持つ団体への参加であるような所属に応じて、個人は保護される。労働団体、労働組合、労働法や社会的保護の集団的調整、こうした「規則全体によって定義された集団的身分」こそが、ハッツフェルト〔8〕の言うように、まさしく個人を保護し、個人に安全性を与える。近親者同士の保護がまったく消えたわけではないが、非常に弱体化している産業化され都市化された近代社会において、個人の安全を可能にするのは集団という審級である。

　しかし、これらの保護のシステムは、複雑で、脆く、そして費用がかかる。それはもはや、近親者同士の保護がそうしてきたように、個人を直接守ってくれるわけではない。このシステムは同じように、国家に対する強い要求をかき立てる。というのも、システムを後押しし、正当化し、そしてシステムに財政の裏付けを与えるのは、しばしば国家だからである。したがって、社会的不安全の大きな広がりという犠牲を払って、個人化の過程の潜在的進行による集団の弱体化、もっと言えばその崩壊と結び付いた、社会国家の今日的再検討が行われることになる。

第三章

不確実性の高まり

Robert Castel

L'insécurité sociale

約四半世紀にわたって、今日のヨーロッパ社会を動かしてきた「大変貌」は、全体として組織化された近代の危機として解釈できる。ペーター・ワーグナーによれば、この言い方は、近代の最初の危機である「制限された近代」の危機を乗り越えるために一九世紀以降展開された集団的調整の構築を意味する(1)。先ほど理解したように、この制限された近代は、リベラリズムによってなされた大きな約束の実現に、すなわち、個人の自立と権利の平等の原理を社会全体に適用することに失敗した。社会というものは、もっぱら、自由で平等な諸個人のあいだでの契約関係の総体に基づいて成立しうるわけではない。というのも、その場合には、社会は、対等な立場で契約するために必要な社会的独立の確保が生活の条件によって不可能なすべての人々を、第一に労働者の大多数を排除することになるからである。デュルケーム(1)がよく見ていたように、「契約においてはすべてが契約によるというわけではない」のである。彼は、一九世紀末における自由主義的近代の破綻の明晰な証人であり、この破綻を受けて社会学の確立に向かうのである。社会学とは、すなわち集団の力の自覚である。諸個人の集団組織のシステムへの編入や再編入は、近代がもたらす社会の解体というリスクへの回答であり、安定的かつ統合的社会の確立が自由主義の原理ではもはや不可能であることが意識されるようになって以来、避けがたいものとなった保護問題への回答でもある。それは、法や国家が集団の審級を代表するとき、社会的諸権利の構成と国家の社会的役割への関与の増大とを経由する。

こうした回答は、二〇世紀に、特に第二次世界大戦後に広がった。それは、産業資本主義の発展と一対である。大企業の重要性、労働の画一的組織化、強大な組合の出現は、こういった形態の集団的調整の優位を確実のものにした。大きな連合体において組織化され、それによって守られた労働者は、産業資本主義の発展の要求に応じ、その見返りとして、安定した雇用条件に基づく保護の拡大という利益を得たのである。組織化された近代と切り離すことのできない社会モデルは、同一の職業集団の総体のそれであり、そのダイナミズムは国民国家の枠内にとどまる。このような、これまで集団的保護のシステムを作り上げてきた二つの支柱――同一の社会的職業的カテゴリーと国民国家――は、一九七〇年代以降崩壊に向かうのである。

個人化と脱集団化

それはまず国家の弱体化である。この国家は、国民・社会国家（État national-social）であり、すなわち主要な経済的変動要因を制御するという理由で、国民の地理的および象徴的枠内で全体としてまとめて保護することができる国家である[2]。したがって、この国家は、社会的結合の維持をはかるために、経済的発展と社会的発展との均衡を保つことができる。国民生産（供給）と国民需要との均衡をはかるために、非常に穏健な計画経済の枠内でこれら二つの発展の循環を可能にする回路を作り上げたのは、まさしくケインズ的な政策の考え方なのである。

一九七〇年代初頭から、ヨーロッパ共同体の構築と交易のグローバル化への要求が高まるにつれ、国民国家は社会的均衡の維持のために経済を先導する役割を徐々に果たすことができなくなった。一九八一年にフランスで誕生した社会党政府が試みた経済再建戦略の失敗によって、国民国家では市場の抑制が不可能であることが証明された。国際競争に対抗するために、主導権が企業へと移り、企業は生産能力を限界まで推し進めなければならなかった。しかし、その結果、国家の役割の評価は逆転するに至った。国家の役割は、二重の意味で反‐生産的に見える。すなわち、一つは社会保障費の雇用者負担金として国家が労働に課す追加コストであり、もう一つは、いかなる社会的コストを払ってでも、国際市場で企業が最大限に競争力を強化しようとする要求に対して国家が加える法的制限である。したがって、これ以降、国家の目標は、給料の支払いと社会保障費の雇用者負担金による重荷を軽減することによって、資本の収益率を高めることにあり、労働の構造化に関する法律によって保証された一般的規制の衝撃を和らげることにある。

それと同時に、市場の馴致にある程度まで成功した、法律を補完する第二の砦、すなわち主要な形態の集団的組織化を通じて賃労働者の利益の擁護を任務とする第二の砦が壊れていった。第二次世界大戦後に避けがたいものとなった「賃労働社会」は、職業集団や組合を代表する労働者組織を中心にして構成され、そういった組合や職業集団もまた、国家のレベルで政治活動を行った。実際それらの組織は、「労使」交渉に集団として介入する同一の主要な職業的カテゴリーの持つ影響力を代表している。労働界の利益を集団が代表するというこのような仕方は、雇用、賃金体系、熟練度、昇進に応じて、同一のカテゴリーに人々を分類する官僚的な管理方法を伴う。経済成長の時代の特徴である「労使協調」は、部門別及び職業別の交渉の、多かれ少なかれ一定の均衡であり、国家の庇護のもとに行われる、組合と雇用者とのあいだでの全産業一律の合意の成果である。大衆組合の力、労働法による一律規制、そして社会的な紛争の集団的管理を可能にする分野を超えた形での国家介入というような集団方式に基づいて構造化された労働関係のあいだにいわばよき循環のようなものがあった。

こうしたさまざまな職業的カテゴリーの同質性、より一般的には、規制のためのさまざまな集団的審級の同一性は根本から疑問に付されるようになった。大量の失業者や労働関係の不安定化は、賃労働者のヒエラルキーの底辺を直撃することによって、労働者の種々のカテゴリーに影響を与えただけではない。失業や不安定化はまた、カテゴリー内部の大きな不均衡をもたらす――例えば、二人の労働者、しかも二人の熟練度が同一水準にある場合でも、一方が雇用を保持し、他方が失業によって打撃を受けるということが起こりうるだろう(3)。こうして同じ職業的身分にある者同士の連帯は、平等者間の競争へと転化する傾向にある。同一カテゴリーに属するあらゆる構成員は、集団全体に利益をもたらす共通の目的のもとに統一される代わりに、各人は自分の条件を守り、待遇の改善をはかるために、他人との違いを前面に押し出す(4)。

今日、労働世界の再構造化や、激烈な競争と交易のグローバル化がもたらす試練に直面して、企業が取らなければならない競争力強化のための改革という最優先課題について語られるとき、それゆえ経済的な発展の確保に最もふさわしいものとして引き合いに出されるのは、もはやこれまでと同じ職業的関係のダイナミズムではない。問題になっているのは、それとはむしろ逆のことである。労働分野の流動化と個別化は、安定的雇用状況に基づいて行われる集団的管理運営に取って代わらなければならない。しばらくしてから理解されたように、一九七〇年代初頭に効果を発揮し始めた、資本主義の変容によって起こったことは、基本的には労働関係、職業上の履歴、雇用形態に応じて与えられた保護の全面的流動化（mise en mobilité généralisée）である。それは、深いダイナミックな運動によるものであり、このダイナミックな運動は同時に、脱集団化、再個人化、そして不安全化からなる。それは多くの局面で働いている。

まず生産の組織化の段階で、ウルリッヒ・ベック〔2〕が「労働の脱画一化[5]」と呼ぶものが起きる。仕事の個人化は、就労者の可動性、適応可能性、自由闊達さを強いる。このことは、柔軟性の要求を特定分野で表現したものであり、この表現は、階層的な枠内で代替可能な労働者たちによって行われる一続きの長い定型的作業から、それぞれ個人が、あるいは生産管理とその質の確保を役目とする小集団が責任を持つという体制への移行を示している。極端な場合には、労働集団は完全に消滅してしまいかねないのであり、企業は同一空間に労働者を集める必要はなくなってしまう。ちょうど、就労者たちが計画の実現を目指すあいだだけ結び付き、それが終われば、新しい計画の枠内で別の仕方で再結合しない限りは別れていくことになるような、網の目のようにはりめぐらされた労働組織においては、同一空間に労働者を集める必要がなくなってしまうように(6)。

したがって、職業上の経路それ自体が流動的になる。定年退職まで準備された段階を経て同一企業の枠内で、一つの職歴だけで終わるということが少なくなってきた。これは「自叙伝モデル」（ウルリッヒ・ベック）の促進である。すなわち、各個人は途切れ途切れになった職歴の変転を自分自身で引き受け、選択し、必要な場合には転職をはからなければならない。ここでもまた極端な場合には、労働者は自ら起業家になり、「地位につくというよりはむしろ自分で地位を作り出すのであり、フォード流の会社の画一的な線形モデルを外れたところで自分の職歴を作り上げ」たりもする(7)。労働者は、もはや集団的規制のシステムによって支えられているわけではない以上、露出過剰の状態にあり、壊れやすいものとなっている。

確かに労働のあらゆる責務と職業上のあらゆる経路は、全部が全部同じ程度に可動化の絶対的命令に従うわけではない。これらの命令は、新しいテクノロジーによって完全に支配された、最も進んだ労働組織の領域において見て取ることができる（「ニュー・エコノミー」、「ネット経済」、「情報革命」、「非物質的労働」、「認知資本主義」(3)(8)等）。しかし、これらは最もダイナミックな分野であり、この分野が例証する要求もまた程度に違いはあるが生産部門の大部分において不可欠なものとなっている。労働組織の近代的な形態と伝統的あるいは古めかしい形態とを対立させるよりもむしろ、個人化‐脱集団化の過程の根本的な両義性を強調しなければならない。この過程は、労働組織のありとあらゆる多種多様な形態を貫き、どんな形であれ、程度に違いがあるにせよ、実際に熟練工からネット企業の創業者に至るまで就労者のすべてのカテゴリーに影響を与えている(9)。

　このような仕事の責務と職業上の経路の個人化に伴い、当事者の責任が問われることも否定できない。それは、各人が状況を直視し、変化を引き受け、自分で責任を負うことである。ある意味では、「就労者」は、テーラー方式の労働組織において見られたように、かつて圧倒的な力を持つことができた集団的強制から解放されることになる。しかし、自分の裁量範囲が大幅に広がったとしても、就労者はいわば自由であることを義務づけられ、仕事をよくこなすことが要求される。というのも、もちろん強制はなくなったわけではなく、むしろ激化した競争という全体的状況といつまでも続く失業という脅威の中で、強制は強まる傾向にあるからである。

　ところで、全部が全部等しく、この要求に対して備えができているわけではない。ある種の労働者階層の人々は、確実にこのような個人主義的改革（aggiornamento）から利益を得ている。これらの人々は、好機を最大限に生かし、能力を全開にし、官僚的強制と厳しい規制とによって押さえ付けられてきた創意工夫の能力を自分の中に見出すのである。新自由主義的な企業化精神の礼讃は、真理の一端を含んではいる。しかしながら、これらの礼讃には言われていない事柄もある。忘れてはならないのは――このことは最も基本的な社会学的事実である――、このような全面的流動化が労働の世界と社会的世界とのあいだに新しい亀裂を生み出したということである。新しい機会を掴まえて、仕事上でも私的生活面でもその機会を使って自己を実現できた、変化の中の勝者がいる[10]。しかしまた、カードの再分配に与ることなく、新しい状況の中で自分の価値を見出すことができなくなった人々もいる。

ところで、このような違いは偶然生じるわけではない。精神面での個々人のあいだに見られる能力差は偶然与えられたものであるという仮定も可能ではあるが、それとは別に、その違いは、根本的には個人が使うことのできる客観的資産と、個人が新しい状況を引き受けるために拠りどころとなる支えとに依存する。自分の労働から手に入れたもの以外の資産を使うことのできない人々にとって、こうした支えは本質的には集団に属しているということをここで思い起こす必要がある。言い換えれば、そして繰り返すことにもなるが、別の「資本」を持たない人々にとっては——経済的だけでなく文化的及び社会的——、保護は集団的であるか、そうでないならば保護がないかのどちらかである。共通の条件と、等しく虐げられているという事態とから生まれるのは、まず、さまざまな労働現場での連帯である。これらの絆は、最も貧しい労働者がしばしば自分たちを組織化し、ある程度まで最も直接的な搾取の形態に抵抗し、そこから解放されうるための土台となった。というのも、この絆こそが団結した集団を構成するものだからである。しかし、今の自分たちの保護を確実にし、未来の不安をなくすことができるようになるのはまた、労働協約であり、法律によって保障された労働及び保護の社会的権利なのである。したがって、これらの集団的システムの放棄が起きれば、再び労働者を社会的不安全の中に投げ入れることになるのは明らかである。

危険な階級の回帰

　このような集団的システムの崩壊がもたらす社会政治的帰結に関して、二つの読解の仕方がありうる。第一の読解によれば、個人の脱社会化としての破滅的状況が際立ってくる。排除に関する数多くの言説は、あらゆる面でうんざりさせるほど社会的絆をずたずたにした。そうなれば、この絆の切断によって個人は自分が社会的に帰属しているものから切り離され、その結果自分自身と自分の無力さに直面せざるをえなくなるのも当然である。「排除された人々」とは、共有しているものが同一の欠陥だけであるような個人の集合（集団ではなく）である。彼らは、まったく社会性を持たない自由電子のように、マイナスとしか言いようがないようなものとして定義される。したがって、例えば長期間失業している者と見込みのない雇用を求める郊外の若者とを、排除という同じパラダイムで同一視することは、彼らが同じ過去、同じ現在、同じ未来を持つわけではないという事実や、彼らの進む道がそれぞれまったく異なっているという事実にもかかわらず、それらをあえて無視することなのである。それは彼らがあたかも社会の外で生活しているかのようにしてしまうことである。

　ところで、たとえ「排除された人々」とはいえ、誰一人として社会の外にいるわけではなく、脱集団化そのものはある種の集団的状況なのである。社会的階級も構成された集団ももはや存在しない。なぜなら、これらの集団は、その集団に自分を同等な権利を持つ社会的行為者として構成すること（しかも「労働者階級」や「ブルジョワ支配階級」のような観念的存在の統一性や機動性を幾分か神話化することによって）を可能にした同質性やダイナミズムを失ってしまったからである。しかし、そう言ってしまうのはあまりにも尚早すぎる。そのような言い方は、輝かしい未来へと共通の道が開かれているどころか、逆に世界の悲惨の大部分を支える階級や集団が存在しうるということを忘れてしまうことである。共通条件がむしろ悪化していくような、上昇ではなく下降への社会移動にさらされている集団がある。この集団は特別な土壌をなしているが、そこには不安感が広がっており、この不安感の集団的次元を説明するためにはこの土壌を捉え直さなければならない。

　これが一般的な歴史的過程である。すなわち、支配集団の台頭はそれによって衰退が起こる他の集団を犠牲にして生じるのである。こうしたダイナミックな運動の帰結について、現在の状況と悩ましい類似点を持つプジャード主義[4]を例として挙げることができる。一九五〇年代に見られるプジャード主義現象とは、国家的規模で進められたフランス社会の近代化によって置き去りにされた、社会的職業的カテゴリーに属す人々の反発であった。賃労働者層が広がり力を持ち、公共的な行政機関が社会を動かし、国家が経済の構造を計画し合理的なものにする一方で、職人たちや小売業者のような集団全体は、見捨てられているという感情を持つようになる。彼らは、「近代化するなら、それにふさわしいことをしなければならない」という正当な理由を拠りどころとしているが、もはや彼らには席がない経済発展と社会の進歩というダイナミックな運動の犠牲者なのである。もはや未来がないという困惑は、これらの社会的カテゴリーの構成員一人ひとりによって、おそらくは個人的に体験されるが、彼らの反応の仕方は集団的である。その反応は、ルサンチマンの刻印を帯びている。この感情は、おそらく十分に注意されてこなかった根本的な社会政治的作用あるいは反作用の原動力でありうる[11]。それは、羨望と軽蔑の入り混じったものであり、この混合物は社会状況の微分化を背景にしてうごめき、自分が感じている不幸の責任の所在を、社会階級から見てまさしく高いか低いかによって作られたカテゴリーのせいにする。その結果、賃労働者と公務員に対する小売業者と職人の反発が生じるのであり、賃労働者や公務員は同程度の収入を得ているが、あまり働いていないとみなされ、あまりにも多くの社会的利益を享受し、とりわけ確実な未来を手にしているように思われているからである。集団的ルサンチマンは、社会集団が感じていた共通の不公平感で養われており、その社会集団の地位は低くなりつつあり、彼らは自分たちがかつての地位から得ていた恩恵を失ってしまったと感じているのである。責任者を探し出したり、あるいはスケープゴートを求めたりしながら互いの所為にするのが、集団的フラストレーションである。

プジャード主義は、自分にその特有の形態を与えた特殊な要因を越えて（ルペン主義と同様に、カリスマ的主導者の名を冠しているが[12]）、社会の変化によって自分の価値が認められなくなった集団の反応の説明を可能にする構造的次元を備えている。近代化は、ここ約二〇年間のあいだに、徐々に明らかになってきたヨーロッパ的及び世界的次元を持つようになった。最も影響を受けた社会階層は、すでに広範囲にわたって液状化した伝統的フランスの基盤——農民、職人、小売業者、昔風の自営業者——を作り上げてきた階層ではもはやない。今日こうした階層の人々は、産業社会で中心的な場所を占めてきたあるいはこれからも占めるであろう集団、例えば経済成長の時代に統合された労働者階級の周縁の多くの人々や従業員、とりわけまったく熟練していない人々、かつては見習い期間からあるいは就学期間の終了を待って安定した雇用へと苦もなく移っていった庶民階級出身の若い人々といった集団の重要な一部である。大量失業を越えて、特に庶民層に影響を及ぼす大規模な脱資格化が見られる[13]。例えば、脱産業化とともに、かつては労働世界への仲間入りの担保であった職業適性証書（CAP）あるいは工業学校修了証明書（BEI）といった免状がほとんど通用しなくなった。職業適性証書（CAP）の有資格者であるヨーロッパの仕上げ工の未来はどうなってしまうのか。より一般的に言えば、明日のヨーロッパにおいて、分業の前段階に引き戻す、自分の職務に忠実な、固定的なすべての専門化の場所はどうなってしまうのであろうか。身軽に動くことができ、変化を引き受けることができる人々が未来を握っているのに対して、専門技能者たちはこうした専門化によって身動きの取れない状態に置かれている。

それほど驚くことではないが、国民戦線が人気を博していた二〇〇二年四月の選挙において、国民戦線に向けられた投票は選挙の上でも社会的にもかつて左派につなぎとめられていた大衆層によるものであるということが明らかになった[14]。この投票が含意する極右的あるいはファシスト的意味は、その政治的危険性によってもちろん無視されるべきではないが、社会学的に見て私にはそれほど重要なものとは思えない。社会学的には、それは本質的に「プジャード主義的」な反応であり、この反応は諦めの感情によって維持され、敗者の境遇を顧みることなく変化から利益を得た他の集団やそれを政治的に代表する者たちに対するルサンチマンによって支えられている。さらに極左を支持する票の一部はこの一環として位置づけることができるかもしれない。この支持票は、ルサンチマンによって動機づけられた投票とまでは言わないが(しかしなぜ言わないのか)、社会のグローバルな変化についての信ずるに足るパースペクティヴがないために起こった抵抗の票でもある。

今日、社会的な死というリスクを冒す場合は別として、変化、可動性、終わりなき適応、絶えざる転身という賭けをすることが必要であるならば、この新しい事態に立ち向かうためにある種の社会的カテゴリーに属す人々には特に備えが整っていないということは明らかであり、さらに付け加えれば、そういったカテゴリーに属している人々のためにその備えの手助けをすることなど気にしている者はほとんどいないということは明白である(例えば、企業で必要とされる柔軟性は従業員の配置転換を保障する効果的な付随措置に結び付くことはめったにない)。したがって、最もうまく行って、この集団はグローバル化した経済の重要な役割を担うことになる。最悪の場合には、「使い物にならなく」なった集団の成員は、能率と成果の要求だけによって再構成された社会空間の隙間で生き延びざるをえないという恐れがある。

それこそが不安全化の大きな要因である。今日不安全の高まりについて語るのは、大部分は、徐々に変化する世界の中で自分の未来を支えることができず、道端に捨て置かれたと思い込んでいる一部の人々が存在しているからである。したがって、この一部の人たちが大切にしている価値は、彼らが恐怖感を抱いている未来に向けられるのではなく、むしろ過去にあるということがよくわかる。ルサンチマンは、高邁さに結び付くことはないし、リスクを冒すことにも結び付かない。ルサンチマンは、新しさだけではなく多元主義や差異も受け入れない保守的態度をもたらす。犠牲になったカテゴリーに属す人々は、他の社会集団との関係において、その集団が提示する多様性を迎え入れるのではなくて、自分たちの見捨てられた状態を説明しうるようなスケープゴートを探し求めるのである。

すでに述べたように、一般概念――その現代版がルペン主義である――として理解されたプジャード主義は、社会的な対立を、非常に近い階層の人々の争いへと転嫁する。かつては以下のようであった。賃労働者に対する自営業者の羨望と軽蔑とである。特権的な地位にある賃労働者は、社会の利益を独占し、静かに退職を待ちながら、余暇を過ごす。それに対して、小売業者は朝五時に起床して卸売市場へと商品を買いに行き、それらを売るために夜九時まで働く。今日では以下のようである。能力は劣るがより従順とみなされる移民に対する人種差別である。移民は職争いで優遇され、それとともに純フランス人に与えられるはずの社会的補助を受け、そして寄生虫でしかないにもかかわらず、われわれのところであたかも自分の国にいるかのように振舞っている。こういうふうに思うことがもっともありがちな誤りであるということが、ここでは重要なのではない。問題は、こうした考え方が広まっているということであり、道徳的判断では消しがたい重みを今日もっているということである。

もっとも不遇な集団に自ら社会学者になることを要求し、自分の状況を理論化することを要求するのは、馬鹿げている（一九世紀の産業プロレタリアートが労働者階級の一員になるのに長い時間を要した）。社会的反応は、一番近い道を進み、こうした状況を構成する、名高いエコノミストや社会科学の専門家たちでさえしばしば見逃してしまうようなあらゆる要素を説明するために長々と繰り広げられなければならない理由の連鎖を節約するということは、わかりきったことかもしれない。社会的不幸に対する社会的応答としてのルサンチマンは、最も近い集団を標的にする。これは「プワーホワイト」[6]の、すなわち社会の最下層に属す人々の反応であり、彼ら自身、生活困窮状態の中で同じくらいにあるいはそれ以上に困窮した他の集団と競争している（あたかも南北戦争後の荒廃したアメリカ南部の、彼らと同じくらい、あるいはそれ以上に貧しいとはいえ解放されている黒人たちを目の当たりにした白人たちのように）。彼らは自分の中に納得の理由を探し求めて、人種差別的な憎悪と軽蔑を通して自分勝手な優越感に浸った。今日われわれもまた、プワーホワイトを抱えているのだと認めざるをえない[15]。

したがって、現在の主題である不安全との関連で取り上げられる「郊外問題」の性格も同じパラダイムで理解できる。「要注意地区」には、不安全化の主要要因が種々ある。すなわち、高い率の失業、不安定雇用と補助的作業、劣悪な住環境、人間味のない都市計画、多民族集団の雑居状態、どこにでも見られる役立たずのように見える無職の若者たち、麻薬の密売や隠匿につながる目に付く非行、「治安部隊（force de l'ordre）」との緊張、騒擾、衝突をたどる「反社会的行為」の頻発などである。ここでは社会的不安全と市民的不安全とが重なり合って支え合っている。しかし、牧歌性のかけらもないこうした事実に基づいて、郊外問題を悪魔視することや、特に今日直面する郊外の若者たちに烙印を押すことは、不安全問題がたえず提示してきたものを代表しうる社会対立の置き換えの過程の一環である。政治権力やメディア、大部分の世論が、郊外の状況を、不安全をめぐる不満の捌け口として仕立て上げることは、いわば危険な階級の回帰、すなわち、一つの社会が担う不安定要素の全体を、周縁に追いやられた特定の集団に体現させることである。産業プロレタリアートたちは、一九世紀に労働者階級、危険な階級という役割を演じた。つまり、一九世紀においてプロレタリアートたちは、たとえ日夜働いていたとしても、安定した雇用形態の中に組み込まれてはおらず、都会の人には文化には見えない、脈絡を欠いた田舎風の文化を工場の町の近郊に持ち込み、いつまでも続く不安定な労働と住環境、すなわち安定した家族関係を結び、それなりの生活習慣を続けるのにまったく適さない生活状態を生きていたということである。オーギュスト・コント[7]が述べたように、これらのプロレタリアートたちは「西洋社会の中に定着しているのではなく一時身を置いている[16]」のである。この言葉は、今日郊外に住む人々に、あるいは少なくともわれわれが作り上げたそういった人々についてのイメージにもあてはまるのではないのか。彼らは「定着」しているわけではないし、言い換えれば彼らは同化しているわけでもない。かつてプロレタリアートがそうであったように、彼らが定着できないのには、それだけの理由がある。すなわち、彼らはしばしば外来文化を持ち、仕事や人並みの住まいを求めても差別によって駄目になってしまうし、一部の人々の敵意と治安部隊の敵意に日常的にさらされているからである。[17]

この状況の中で起こったのは、次のような事実によって道徳的非難の正しさが少なくとも一部分確証されうるという点である。この事実とは、こうした条件を生きることは人間を天使にするわけではなく、社会的のみならず市民的不安全も実際に他の地域よりも郊外において深刻化しているという事実である。にもかかわらず、こうした安易な省略化はわれわれを驚かすものがある。嫌な奴というよりは惨めな何万もの若者たちを、今や共和国の秩序の根本を脅かす不安全問題と化した社会問題の核心に置くことは、不安全というグローバルなプロブレマティークを特殊な仕方で凝縮化することである。確かにこうしたやり方には利点がある。こうしたやり方は、不安感の起源であり、非行と同程度に社会的不安全の一部でもあるすべての要因を考慮に入れないでおくということである。たとえ常に有効だというわけではないとしても使い方次第によっては少なくとも役立ちうる一連の手段を動員することがこうした戦略によってもまた可能になる。なるほど不正行為の防止、疑わしい者の処罰化、裁判官や警察の増員をあらかじめ見込んだ上での「トレランス・ゼロ」の追求は、不安全の提示する複雑な問題全体の安易な短絡化である。しかし、これらの戦略には少なくとも、とりわけそれらが決然と進められ追求された場合には、不安感の元である、例えば失業、社会的不平等、人種差別といったような、もっと微妙な問題を取り上げる必要があるとしても、それでも何かをやっている(寛容主義ではないので)ということをみんなに見せるという利点がある。[18] これは政治的には短期間有効であるが、「保護されるとはどういうことか」という問いへの十分な解答になっているかは甚だ疑わしい。

こうした郊外問題や犯罪問題を超えたところでさえあたかも公権力が本質的には権威の行使をめぐって動因されるかのように、社会国家から、法と秩序への回帰を推奨し活用する治安偏重国家（Etat sécuritaire）へと移行しつつあるのが見られる。市民的不安全の問題は、根本問題を提示しているのであり、この根本問題に立ち向かうことが国家の義務なのである。[19] しかし、事態は、今日のフランスにおいて、あたかも国家がその信頼性の大部分を不安全と戦うことができる自分の能力に賭けているかのように動いている。それでも、この種の解答が不安全を作り出している要因全体に通用するわけではない。そのためには、すでに見たように社会集団全体を根底から動かしていると考えられる、個人化のダイナミックな運動に反対しなければならないし、同時によく言われるように、企業や市場を徹底的に支配する、競争力の争いや自由競争の活動にも抵抗しなければならない。もっぱら治安の維持だけをはかる国家は、市民的安全を確保するために憲兵国家の形を回復させることによって完全無欠な権威の行使をはかることと、社会的不安全を助長する経済的リベラリズムの諸帰結に直面する寛容主義の立場に立つこととのあいだで、矛盾を深めざるをえなくなる。このような解答の実現の見込みは、市民的安全と社会的安全とによって二つの鉄壁な領域が作り上げられるときにのみ出てくるであろうが、もちろん事実はそうなってはいいない。

第四章
リスクの新しいプロブレマティーク

Robert Castel
L'insécurité sociale

一九八〇年代以降われわれは、不安全の新しいプロブレマティークに身を置いているように思われる。このプロブレマティークは、まず二系列の変化の接合からなる異常な複雑さという性格を持つ。

第一に、「古典的」とも形容しうる、大半は乗り越えられたと思われてきた社会的な主要なリスク（事故、病気、失業、年齢やハンディキャップによる就労不能……）から身を守ることが非常に難しくなったことである。これまでの第一の分析によって、われわれは、安定した労働条件に基づいて賃労働社会に広がった、保護システムの障害に続いて起こった機能停止を確認することができた。国民・社会国家の弱体化に加えて、一九七〇年代中葉以降に起こった社会・経済的変化に、何ら対処できないままにさらされることになった個人と集団の地位は、脆いものになった。ここから未来を前にした不安定化と混乱とが生まれてくるのであり、これらはまた、社会の解体の主要要因がはっきりと現れているとりわけ郊外のような地域において、市民的不安全をもたらしかねない。

リスク、危険、そして損害

しかし、このように古典的な安全化システムが脆くなったときに、新世代リスク、または少なくとも産業的、科学技術的、保健衛生的、自然的、生態的といったようなリスクとみなされる新世代の脅威が現れた。古典的なそれとは直接関係がないように思われるリスクのプロブレマティークが問題なのである。というのも、その出現は、大部分は科学とテクノロジーの制御不能な発展の結果であり、科学とテクノロジーは、それらが人間のために支配しようと望む自然や環境に敵対するからである。この場合、リスクの増殖は、近代の進展と密接に結び付いているように思われる。ウルリッヒ・ベックはこうして、その本質的な次元で理解される近代社会それ自身を「リスク社会」と呼ぶ。すなわち、文明の未来の命運を握るのはもはや社会的進歩ではなく、不確実性の一般原理である。それは不安全というものを近代人の条件の乗り越えがたい地平にすることである。世界はもはやリスクの広野でしかなく、「地球は脱出装置付操縦席となった(1)」。

現代の不安全の考察は、この変動要因を取り入れなければならない。もし保護がなされるということは、生きていく上での主要なリスクに立ち向かうことができるということであるとするならば、この保護には今日二重の意味で欠陥があるように思われる。一つは、「古典的な」保護手段の弱体化によるものであり、近代の発展過程に刻印されているように見える新しい脅威を前にした一般的無力感によるものでもある。現代の安全を守ることに関するフラストレーションは二重の源泉から養分を吸い上げているという仮説を立てることができる。それゆえこの結び付きを指摘すると同時に、それが抱える混同をも暴露しなければならない。リスクに対して現在過度に敏感になっていることは、安全の探求を際限のないものにし常に挫折させる。しかし、今日リスクによって理解しているものにおいて、社会化可能であるがゆえに統御しうる生存の偶発事と、対処不能であってもその存在を認めざるをえない脅威——したがってその社会が引き受けなければならない保護計画の、おそらく一時的ではあるが現時点では乗り越えがたい限界として受け入れなければならない――とを区別する必要がある。

われわれが今後「リスク社会」を生きていくことになるという主張は、実際、観念の間違った外挿法に基づいている。語の固有の意味でのリスクは、予見可能な出来事であり、起きるかどうかわかり、それが引き起こす損害のリスクがあらかじめわかる出来事である。したがって、リスクは分散化できるがゆえに補償されうるものなのである。(2) 保険は優れた技術であり、その技術は予見できるさまざまな脅威を前にして連帯した個人の集団にリスクの結果を分散させることによって、リスクを抑えることを可能にした。保険義務の一般化（国家の保証も含む）は「保険社会」構築の王道であった。それはすべての個人が集団への帰属に基づいて守られ（保障され）るような社会であり、その集団の構成員は保険料を支払ってリスクのコストを分担する。これこそが連帯モデル、あるいは相互扶助モデルであり、社会的リスクの防御手段の基礎になっているものである。

「リスク社会」は、このような仕方では安全にはなりえない。これらの新しいリスクはおよそ予見不可能であり、確率論では計算不能であって、取り返しがつかず計算不可能でもある結果をもたらすのである。例えば、チェルノブイリや狂牛病のような大惨事は、互いに分担することが不可能であり、保険システムの枠内でそれらの大惨事を制御することができない。したがって大惨事は、真の意味ではリスクではなく、むしろ、不幸な偶発事、脅威、あるいは危険であり、そしてそれらは実際に起こる「リスクがある」が、それらを引き受けるのにふさわしい技術も、それらを予測するに十分な知識も持ち合わせていない。こうした「新しいリスク」の大半の予測不可能性と、それらがもたらす結果の深刻さとその取り返しのつかない性格とから見れば、しばしば、最悪の事態を予見し、どこまでいっても偶然的であるにせよ、それが起こらないようにするために手段を尽くすことが最良の防止策ということになる。例えば、現実のリスクと比べて釣り合わない経済的、社会的結果と引き換えに、家畜が感染しているかしていないかという事実の不確かさゆえに、家畜を一頭残らず殺してしまうことなどがそれに当たる。この点に関して長々と議論できるが、今はしない。およそ起こりそうもない、そんな可能性さえない偶発事を避けるために、われわれは非常に現実的な損害を負担するのである(3)。

こうして、リスク概念の現代的なインフレーションの結果、リスクと危険との混同が生じる。アンソニー・ギデンズ(1)とともに「リスクの文化(4)」について述べることの意味は、われわれが現代の世界の所産であり、事実増えつつある新しい脅威に徐々に敏感になったことにあり、しかもこの脅威は科学とテクノロジーの規律なき使用を通して人間それ自身と世界全体の商品化に向かう経済発展の道具化とによって産み出されたということにある。しかしながら、どんな社会でも未来が必然的に抱えることになる危険全体を一掃したいと望むことはできるものではない。むしろ確認されているように、最も高いリスクが回避されたように見えても、リスクへの感受性の指針が移動し、新しい危険を同じ高さまで引き上げるのである。しかし、今日、この指針は安全に対するまったく非現実的な要求を呼び起こすほどあまりに高い位置に置かれている。その結果、「リスクの文化」は危険を製造する。少しありふれた例をあげるなら、飢饉は人類にとって長いあいだ食糧問題の真のリスクであり、多くの地域でいまだにリスクであることに変わりはない。逆に豊かな地方において、危険になったのは食べるという事実である。つまり狂牛病以外にも、現在の食料生産における発ガン物質の一覧表は月ごとに増えている。食料に関するゼロリスクを追求しようとすれば、以後食べることをやめてしまうということになるだろう（「用心の原理」?）。そんなことは到底不可能なように、疑いや心配は依然として残り続けるのである。すなわち、不安全は皿の中にも存在するのである。

　今日保護の問題を再び取り上げるためには、安全への強い要求を助長し、実際保護されることの可能性を失わせる現代のリスク概念のインフレーションと保護との隔たりを強調することから始めなければならない。それゆえ想起すべきは、いかなる保護のプログラムも、不確実性も危険もなくなってしまうほど未来を安全にすることを目的とすることはできないということである。リスクの文化は、リスクの概念の拡張を進めるが、その概念から実体を奪い取り、操作的概念でなくしてしまう。正しい仕方でリスクを取り上げることは、未来の中に不確実性と恐怖とを挿入することではなく、逆に適切な手段を取って未来をより確実なものにすることによってそれを統御するために、リスクを不確実性の減速装置にしようと努めることである。このようにして、われわれは集団的負担の枠内で社会の古典的なリスクを抑えることができたのである。しかしまた、問題となっている「新しいリスク」が現れて以降、リスクの増加が社会的政治的次元を含まないかどうかを自問しなければならない。それに対して、このリスクの増大は一般的に、避けがたい運命、すなわちアンソニー・ギデンズが言うように、「個人社会における近代の根本的一要素」を示すものとして表れている。(5) リスクの増大は個人社会の内在的な要素なのか、あるいはその責任の所在を明らかにする必要がある経済的及び政治的選択の結果であるのか。このような多くの「リスク」(汚染、温室効果……)は実際に、行き過ぎた生産至上主義と地球資源の野蛮な開発との自然的な均衡に対するブーメラン効果のようなものである。同様にウルリッヒ・ベックとともに、これらの「リスク」は以後、階級の障壁を貫き、いわば民主主義的に共有されることになるだろう、と言うことは不正確である。その結果、例えば、最もひどい公害企業が好んで発展途上国に進出し、保健衛生と安全を確保し、損害の防止や損害からの回復を果たす資力をまったく奪われた人々を苦しめている。この種の公害の拡大と近代化の進め方とのあいだの関係を考慮した上で当然そうすべきであるように、とりわけ地球規模でこの問題を取り上げる場合には、これらの「リスク」の配分の中に目に余る不正が認められる。

たとえ「新しい」とはいえ、リスクについて語るよりも、おそらくここではむしろ損害や公害として語る方がよい。そのことが意味するのは、リスクが抑えられないということではなくて、その十分な防御策が古典的な社会的リスクを制御するのによりふさわしかったような防御策とは別物だということである。例えば、よく見られるように、特にひどい公害企業が安い労働力を搾取するために第三世界の特に貧しい地域に進出する場合、適切な回答というのは、現地の人々に公害から自分で自分の身を守るように義務づけることによって「リスクの分散化をはかる（mutualiser les risques）」ということではない。適切な回答ということであれば、それはむしろこうした地球規模の新しい搾取の形態を追放することであり、あるいはそこから利益を得る多国籍企業に、持続可能な発展と両立しうる厳しい規制を課すことであろう。すなわち、それは莫大な利益に制限を課し、グローバル化した市場を飼いならすほど十分強力な超国家的政治的決定機関の設置である。

リスクの自己負担かあるいは集団負担か

今日、このような決定機関はまったくない。その結果、われわれは大部分、こういった公害に直面してなす術もない。しかし少なくとも、リスクについての擬似的な形而上学が、今日生じている問題の特殊性と、避けがたいものとしてしばしば現れる損害の元になっている責任の所在の追及とを、隠蔽するのに関与していないかどうかという問いに取りかかることができる。さまざまな分野で一般的に使われるようになったリスクのイデオロギー（「リスク社会」や「リスク文化」等）は、古典的な保護態勢の不十分さやさらにその時代遅れぶりと、新しい経済状況に対処することのできない国家の無力さとを告発するために、特権的な理論的準拠枠として今日用いられている。したがって、個人保障の発展以外に、これに取って代わる道はありえない。こうして、なぜネオリベラリズムの影響を強く受けた、このような保障の支持者たちの何人かが、ウルリッヒ・ベックやアンソニー・ギデンズが行ったような分析に熱狂的に従い、彼らの分析以上にさらにそれをエスカレートさせたのかがよく理解できる。だからこそ、驚くべき方向転換によって、フランソワ・エヴァルト〔2〕とドゥニ・ケスラー〔3〕は、リスクを「個人的な価値認識の原理」や「万物の尺度」にし、そしてそれに準‐人類学的な次元——あたかもリスク、人間とは無関係に出来事がいつ起こるかわからないというリスクが個人それ自身を構成する一要素であるかのように——を与えるのである。[6] エルネスト＝アントワーヌ・セイエール〔4〕は、戯画的なほどにリスクの自然化を押し進めた。というのも、彼にとっては、人類は「リスクびいき」と「リスク嫌い」とに分類されるからである。[7] 実際、リスクの増加の強調は、集団的帰属から切り離された個人、ギデンズの表現によれば「はずされた」(disembedded) 個人の称揚化と一対である。したがって、このような個人は、暗礁の只中を漂流し、自分とリスクとの関係を自己管理しなければならないような、いわばリスクの担い手なのである。この状況において、社会国家と、法によって守られた保障義務とが果たしうる役割ははっきりとは見えない。リスクの激増、日々の行動の超個人化、そして保障の自己負担化とのあいだには密接な関係がある。リスクが際限もなく増え続け、個人が一人でそれに立ち向かおうとするとき、それが可能であるとして、自分自身を保障するのは私化された (privatisé) 私的 (privé) 個人である。したがって、リスクの制御はもはや集団の企てではなく、個人の戦略であり、それと同時に、私的保障の未来はそれ自身、リスクの増大の中で確保される。リスクの増加によって、ほとんど無限の保険業の市場が開かれることになる。

この状況に立ち向かうための別の道、それは不確実な新しい要因の社会的次元を明らかにし、その要因を集団的に引き受ける条件に問いかけることである。しかし、今日この課題が提示する途方もない困難を忘れてはならない。実を言えばリスクというよりはむしろ、現在猛威をふるっている、経済的社会的発展の方式によって生み出された前代未聞の損害と私が名づけようとしたものに関して言えば、この困難は明らかである。野蛮なグローバリゼーションがもたらす弊害を強く意識していたにもかかわらず(「もう一つのグローバリゼーション」を求めて闘っているさまざまな潮流の支持者を見よ)、われわれは、地球規模で必要とされる経済的及び社会的要求を重視する国際貿易のガバナンスに行動指針を与えることができるような国際的決定機関、すなわち国際通貨基金(IMF)や世界銀行や世界貿易機関とはその考え方において異なる国際的な決定機関の理想型を見出すことはできなかった。[8] この問題が複雑であるため、ここでそれを扱おうとすることは不可能である。にもかかわらず、この問題はまた、今日もっと強化される必要があるはずの保護の新たなプロブレマティークの中に挿入されている。しかし、古典的な社会的リスクに関してもまた、賃労働社会の枠内でそれらのリスクを引き受けてきた保護を担う集団が、どれほど根本から揺さぶられてきたかをわれわれは強調してきた。ところで、この状況はほとんど元には戻らないように思われる。以前の集団的規制を単純に再開させたからといって、元に戻れるわけではないだろう。なぜなら、この集団的規制は、それ自身集団的であるような産業資本主義の生産形態と国民国家の枠組みにおける管理運営に対応しているからである。まずこのような形態の脱集団化と、労働力の、しかしその上さらに多くの社会的経験領域の一般的流動化とを引き起こしているのは、交易のグローバリゼーションと競争の激化を媒介とする現行の資本主義の変容なのである。取るべき立場は、このような変化を過小評価することではなく、問題を立て、困難ではあるが、いかなる保護の形態がわれわれの直面している生産力及び生産様式の混乱と両立しうるかを知ることである。

　根本的な第二の理由によって、現在の保護の危機と、偶然的あるいは一時的突発事とを取り違えることは禁じられている。保護の構築はまた、個人の地位の本質的な、そしてまた不可逆の変化をもたらした。とりわけマルセル・ゴーシェ[5]によって強調された逆説は、強大化する社会国家の支配力が、個人に安定した集団的保護を与えることによって、個人化の有力な要因として機能したということである。国家によってなされた「援助の保証[9]」は、私がかつて「近親者同士の保護」と呼ぶように提案したものを個人に与えるはずのあらゆる中間的共同体に対する依存から個人を解き放つのである。こうして個人は、少なくとも傾向から言えば、共同体から「解放」されるようにはなるが、他方、国家は個人の主な支え、つまり個人の保護の中心的提供者になる。これらの保護に亀裂が生じるときには、個人は脆い者となると同時に手間のかかる者となる。なぜなら、個人は安全に慣れ切ってしまい、安全を失う恐怖に苛まれるからである。保護への要求は、あたかも安全な状態が第二の自然になり、社会的人間の自然状態とさえなったかのように、現代の人間の社会的「自然」の一部になったと言っても過言ではない。それは、近代の初頭にホッブズによって表明された立場とは逆の立場である。しかし、このような逆転が可能になったのは、国家によって組み立てられた安全化システムが徐々に不可欠なものとなり、個人によって完全に内面化されるに至ったからである。要するに国家は、国民・社会国家の形で、その使命を完全に果たしたからである。保護されることはいわば自然になったが、このことはまた、国家に保護を保障するようにと要求することも同じように自然になったということを意味する。しかし、まさにこのときにこそ、保護は取り返しのつかない仕方で脆弱化していくように思われる。

したがって、過去の保護の現状維持や原状回復を主張することは、確かに素朴である。それは、近代主義者たちが執拗に何度も「過去のノスタルジーに浸る人々」に対して向けた非難である。しかし、こうした保護の廃止が結局自分のあらゆる可能性を伸ばす機会だけを待ち望む個人を「自由にする」と主張することもまた少なくとも素朴なことである。それが、現在力を持つネオリベラリズム的なイデオロギーの素朴さである。このイデオロギーは、現代の個人が国家による調整を通じて根本から作り上げられたという本質的事実を考慮に入れていない。現代の個人は、社会国家によって組み立てられた集団的安全化システムによっていわば浸され覆われているがゆえに、あえて言えば、ひとり個人だけでは立ち行かないのである。保護の問題化は、自然状態への、すなわち完全な不安全状態への回帰を推奨しかねないが、保護の廃止に向かうのではなく、むしろ新たな状況における保護の再編へと向かうことを可能にするのである。

第五章
社会的不安全とどのように戦うか

Robert Castel
L'insécurité sociale

そのような再編はどの点で成立しうるのか。明日何が起こるかわからないという不確実性にそのつど直面している世界において、安定性の原理と安全性の装置とを必要とする保護をいかにして再構成すべきか。それはおそらく、今日われわれが応じなければならない大きな挑戦であるが、応じることができるかは確信を持てない。われわれはここで、確実な答えに到達するというよりも、むしろ新しいやり方の探求に道を開くようないくつかの問いに一つ一つ答えを与えるなどという思い上がった考えを持っているわけではない。しかし、われわれは、ここまで探索してきた二つの主要な分野、すなわち真の意味での社会的保護の分野と労働状況や職業上の経路の安全化の分野とにとどまることによって、それらの問いが含む問題点を詳しく論じようと試みることはできる[1]。

社会的保護を編成し直すこと

まず最初に厳密な意味での社会的保護の領域を取り上げてみよう。それは、フランスで社会保障（医療保険、障害保険、労災保険、老齢保険、失業保険、家族手当、そして社会扶助）と呼ばれているものに対応している。こうした社会保障の上に、一九八〇年代初頭より社会参入と「排除との闘い」をめぐるさまざまな政策が付け加えられてきた。ここ二〇年来見られる変化には、急進的改革という性格はなかった。そのシステムは大部分、労働から天引きされた負担金によって賄われる労働関連保険によって運営されている。しかし、困難が増大し、新しい疑問が現れてきた。それらは、このような保護様式のヘゲモニーを疑わしいものにした。

まずは財政出動の凍結である。一方では大量失業と労働関係の不安定化が、他方では人口統計学的根拠に基づく労働人口の減少と平均寿命の延長が、システムの資金調達を根本から揺るがしている。その場合、ドゥニ・オリヴェンヌ[1]が述べたように、やがて働く少数の人々が働かない多数の人々を支えるために分担金を払わなければならないということがリスクになるであろう[2]。しかし異議申し立ては、財政負担の議論以上に、システムの機能の様式と、労働の世界から離れたあらゆる人々を背負うことのできないシステムの無能さに向けられている。したがって、逆説的ではあるが、古典的な社会的保護であれば、保護が労働に基づく権利に対応するという理由で無条件に与えられる手厚い保護の恩恵を受け続けることのできる人々と、保護のシステムから切り離されたり、そこに参入できなかったりする増えつつある多数の人々との間の隔たりが広がってしまうだろう。したがって、財政問題以上に深刻なことがある。それはこの種の保護の構造そのものである。この構造は、同質同種の人々に支えられ、彼らの提供分を自動的で匿名的な仕方で配分している。そのため、彼らの提供分は保護を待つ個人の状況やプロフィールの多様性をはじめから考慮に入れることができないものになっている。

こうした事実確認からわかることは、古典的な保護から取り残された人に向かうまさに新たな社会保護体制といえるようなものが、ここ二〇年来展開されてきたことである。この新しい保護体制は、次々に取られた方策を押し進めることで、システムの周縁に徐々に整備されていった。例えば、資産条件に応じて配分された社会的ミニマムの拡大、社会的参入についての地域政策と都市政策、雇用援助対策、最も貧しい人々への救助、そして「排除との闘い」の展開である。こうした措置は全体計画に従ったものではないが、労働の上に築かれた無条件的保護のヘゲモニーの特徴である社会的所有の準拠枠とは非常に異なる、新しい保護の準拠枠を描き出しているように思われる。例えばブルーノ・パリエ[2]は、二つの体制の対立を以下のようにまとめている。

・平等かつ一般に開かれた状態 vs 積極的な差別化と限定化
・一様に支給すること vs 社会的必要に応じた限定的支給
・項目の細分化（病気、労働災害、老齢、家族） vs 同一人物が直面する社会的諸問題の全体に対する一律処理
・リスクや問題の取り扱いにおける中央集権的な管理 vs 介入可能な当事者（行政、政治、組合、経済の）の全体との臨時的提携。
・「行政機関による管理」 vs 「社会的使命による管理」
・「中央集権化とピラミッド型行政」 vs 「脱中央集権化と管轄区域主義[3]」

これらの変化の主要な含意は、保護の体制の中にある種の柔軟性を導入するということである。この新しい社会的介入は、実際、その多様化によって特徴づけられ、保護を受ける人々の特殊な事情に応じ

て調整され、また究極的にはそれを活用する際の個人化にも適っているとみなされる。古典的保護の語彙に欠けている、多様化と個人化という二つの語は、この新しいやり方、すなわち契約と計画の中に戦略的な場所を持つ。一九八八年以降の参入最低限所得（RMI）[3]の実施は、このような保護の新体制の精神をまさしく例証化するものである。参入最低限所得（RMI）の獲得は原則的に「社会参入契約」の実行によるものであり、この契約によって受益権者は一つの計画の実現の義務を負う。この計画の中身は、受給者の特殊事情や、受給者に固有のさまざまな困難によって決定される。同様に一九八〇年代初頭から社会参入の名のもとで貧困地区で実施され、今日「都市政策」において頂点に達した管轄区域政策は、住民や共同体のさまざまなパートナーの移動を伴うようなそれぞれの地方プロジェクトに支えられている。利用者がそれぞれ自分のやり方で関わっていくというこの傾向はまた、失業との闘いをめぐる諸政策に徐々に影響を与え始めている（最近のPARE〔再就職支援プラン〕の創設を見よ。これは失業者の求職活動への積極的な参加を促す――命じる――ものである）。このようなすべての新しいやり方において、重要なのは、自動的かつ無条件な仕方で配分される社会的給付の受動的消費から、自分の復職をはからなければならない受益権者たちの動員へと移行することである。よく言われるように、それは「受動的支出の能動化」であるが、この能動化はまた当の人間の能動化を媒介とする。

　このように、この変化は一つの全体的論理に従っている。問題なのは、われわれがこれまで強調してきた社会生活の大きな変化に適合した保護の個人化へと向かう政策であり、この変化もまた最初から最後まで脱集団化や再‐個人化の諸過程の中にある。この意味で変化は、社会国家の危機への一つの答えであり、そしてその普遍的で匿名的な規則を司る中央集権的機能がますます多様化し流動化しつつある世界に対応できなくなっているのは明らかであろう。保護の新たなエコノミーは、いわば、社会福祉の国家管理を越えてわれわれがこのような特殊な状況や、極端な場合には一人ひとり異なる個人を考慮に入れることに立ち帰るように要求する。

しかしながら、この転換にはコストが必要であり、それが少なくとも二つの理由であまりに高くつかないかどうかを怪しむことができる。第一の理由として、結局のところこの変化は、共通の体制から外された人々に対して保護を向け直すということを含意している。なぜなら、外された人々は、その語の広い意味でのハンディキャップで苦しんでいるからである。すなわち、深刻な貧困状態、身体的精神的あるいは社会的な障害、「就労不可能な状態」等である。この場合、保護は不幸な人々への支援を意味するであろう。この新しい方策を「積極的差別化」と呼んだとしても、それだけでこのやり方に常につきまとう否定的なスティグマ化を消すには十分であるとは言えない。

しかしながら、言ってみれば、この新しい保護は、保護が自立を促された受益権者の動員を促す限りで、責任を負わされることのない援助の仕組みの伝統とは無縁なのである。実際に、例えばＲＭＩの社会参入契約は、魅力的な独特の措置である。というのも、その措置は自分の計画を実行すべく見守られ援助される受給者の参加に訴えかけるからである。しかし、この尊重すべき意図は、まさしく資産を持たない個人が問題であるにもかかわらず、個人の資産に訴えかけるという困難と、しばしば見られる非現実主義とを過小評価している。これらの行動を促すような方策によって、まったく持たざる人々に対して――しばしば多くを持つ人々以上に――多大な要求をすることは逆説的なことである。それゆえ、この企てが実際に成功を収めることが通例というよりもむしろ例外であることは、驚くに値しない。そういうわけで、ＲＭＩに関する多くの評価報告書が示しているのは、受給者の過半数がまったく契約を結んでいないということであり、また、ほとんどの場合、ＲＭＩはとりわけ「受益権者の生活条件を変えることができるどころか、条件の改善には程遠い一息の酸素」[4]として役立ったにすぎないということであり、そして「職業参入」に成功したのは、すなわち、安定的であれ大抵の場合不安定的であれ、雇用を獲得できたのは一〇パーセントから一五パーセントにすぎないということである。同様に、地域が行う社会参入政策は、利用者の実際の参加という観点から見て、非常に中途半端な結果に終わっている[5]。

この事実を確認したからといって、新しい保護を作り上げるための企てがすべて否定されてしまうわけではない。逆に、賃労働社会の危機のさまざまな層にわたる犠牲者たちの状況は、この方策がなければ今以上に悪化することになったであろう。それゆえわれわれは、その有効範囲には疑問を持ちながらも、ＲＭＩ、都市政策、社会的ミニマム[4]を擁護することができるし、私の意見では、擁護すべきなのである。このような観点から見ると、今日実施されているようなものであれば、これらの三つの政策が社会の主要なリスクに対抗するためにこれまでに作られた保護に全面的に取って代わるものになりうるということはありえない。ただし、保護のプロブレマティークの奇妙な後退を承認するという留保付きで、すなわち社会的保護を最も貧しい人々に用意されたしばしば通り一遍の援助に還元するという留保付きで。

実を言うと、おそらく誰もこの立場を最終のものとして擁護しているわけではない。保護のシステムが今日でもなお「続いている」のは、その大部分が広範囲にわたって、受益権者の資産の条件を考慮に入れずに配分された保険給付金によって賄われているからである。(6) しかしこのことが意味しているのは、この新しい方策が次のような二分化を乗り越えることができないということである。この二分化とは、安定した労働条件に結び付いている限りで有効であるような社会的リスクから身を守るセーフティネットと、社会的困窮の状況の多様性に対応するための多かれ少なかれ状況に適ったさまざまな援助とのあいだの二分化であり、古典的保護が復活させたというかどでしばしば非難されたのはこの二分化なのである。最近二〇年間にわたって目撃されたのは、実際のところ連帯についての考え方の堕落した意味での根本的変化である。極言すれば、主要な社会的リスクから社会の構成員全体を集団的に保護することはもはや重要ではない。国家がその責任を持ち続ける連帯のための費用にしても、「最も貧しい人々」が暮らしている社会の取り残された生活地帯に優先的に使われることになるだろう。その場合、保護されることが意味するのは、極端な形の困窮から身を守るための最低限のサービスの保証だけにその願いを制限するような最低限の資産、一つの社会において生き延びるための最低限のものがぎりぎり供給されるということになるだろう。保護の体制において、このような二分法に立つならば、社会のまとまりを守るための費用は莫大なものになるだろう(7)。

この二分法をいかにして乗り越えることができるかを述べるのはたやすいことではない。しかし、現在の状況の非常に不満足な性格の第一の理由は、二〇年以上にもわたって断続的に行われ、ときには重複し、ときには無法地帯であるグレイゾーンを存続させてきた、新しい方策の細分化に起因する。第一の改善策としては、物質的損害だけではなく、給付分配の非持続性や給付授与の恣意性を生み出すさまざまな状況を乗り越えて、権利の持続性を確保することであろう。すなわち、同質的な権利体制が集団的な保険給付型の保障に依存しない保護の領域をカバーするということは、現実主義という利点を持つ提案であり、たとえその財政的コストが問題であったとしても、それは非常に理にかなったものであろうし、技術的な適用の難しさも何ら障害とはならないだろう(8)。

第二の問いは、より困難でより野心的であり、これらの新しい権利の本性と首尾一貫性への問いかけからなっている。援助を受ける権利に関して常になされてきたのは、一つの古い議論である。幾つかの援助を受けることは権利ではあるが(フランスでは第三共和制の扶助法の成立以来、そうなっている)、実際に援助を受けるには、受益権者がそれを利用する必要があるかどうかを証明するために行われる資格審査に従うことに変わりはない。このようにして支給された給付金は、常に労働によって保障されたそれよりも低くなければならない（アングロ・サクソンの劣等処遇の原則）。確かにアレクシス・ド・トクヴィル〔5〕は——社会国家の擁護者ではなく、またイギリス人の「法的慈善」に反対して次のような文章を書きさえしている——二種類の権利の違いを強く主張した。「普通権は、同胞たちに比べて彼らの持つ何らかの優れた点に応じて人々に授与される。それ（トクヴィルは援助を受ける権利のことを言っている）は、劣等性を根拠にして認められ、劣等性を合法化している」(9)。「普通権」は市民であることに付与された権利である。その権利が「普通」であるのは、差別的ではなく共通のものであり、権利を持つあらゆる臣民に等しく尊厳を与えるからである。民主主義における市民権や参政権がそれにあたる。それらの権利は、市民であることの基礎にある。

援助を受けるという権利は社会的市民権の基礎となりうるのだろうか。もし援助を受ける権利が「劣等性を根拠にして認められ、劣等性を合法化する」ままであれば、それはありえない。この古いアポリアを乗り越えるための道としては、社会参入の政策を深化させることかもしれない。われわれは、このような社会参入の掛け声のもとで現に今日まで行われてきたことの曖昧な、どちらかと言えば期待外れの性格を強調してきた。しかし、それはまた、そのような現実化が社会参入という考え方の骨抜き版を利用しただけだったからである。ＲＭＩの設立規約の第一条に宣言されたように、「困難な人々の社会的職業的参入は国家の至上命題である」とするならば、その実現は、たとえ国民全体とまでは言わないまでも、社会的介入者と社会団体の世界の代表者たち、例えば政治的行政的責任者、企業の人々を越えて、少なくとも広い階層にわたる多くの関係者を実際に動員することを意味するだろう。しかしそれはほとんど実現しなかったし、社会問題の専門家に主に委ねることで、社会参入の問題は部門別に取り扱われるようになり、そのことによってその問題の影響力は非常に限られたものになった。困難な状態にある人々をその状態から抜け出させるために実際に彼らの世話をするという考え方は、非常に難儀な考え方である。この考え方にはその状況の特殊性と状況に固有の必要から出発して困っている人に向き合うという、古典的な援助行政にはない利点がある。しかし、それは心理学的な支援に還元されるべきではない。社会参入の専門家たちの傾向は、一般的には、現在までのところ内面性の規範を優先させがちであった。言い換えれば、それは、困っている人々に自分たちの考えていることを改めさせ、あたかも彼らが自分が陥っている状況の主要な責任を自分自身で担えるかのように、「困った状態から抜け出す」べく彼らの動機を強化することによって、彼らの行動を変えようと努めることである[10]。しかし、個人が実際に計画を立て、しっかりとした契約を結ぶためには、その個人は客観的な資力の土台に支えられうるのでなければならない。将来の自分を思い描くことができるためには、現在において最低限の安全を持っていなければならない[11]。したがって、困難に陥っている人を一人の個人として真剣に扱うこととは、正当な権利を持つ一人の個人として行動するためにその人に欠けている支えを自由に使えるようにさせてあげることである。この支えは、物質的な資力あるいは心理的な援護だけではなく、独立の条件を確保するために必要な権利と社会的承認でもある[12]。

このような指摘は、ＲＭＩを超えて、一九八〇年代初頭以降実施されてきた管轄区域政策の全体にもあてはまるかもしれない。これらの指摘から、労働によって獲得された保護に与らなかった人々や、うまく仕事に就くことのできなかった人々を社会に再び参入させるための統整的理念の役割を果たしうるものが浮かび上がってくる。すなわち、それは、最優先の目標として、単に物質的な手段ではなくて市民権を取り戻すための手段をこの人々に獲得させることによって、彼らを扶助される人々としてではなく、社会的市民権の特典を一時的に喪失した仲間として処遇することである。より具体的には、以前に述べた諸権利の持続性と関連させて言えば、困難な状態にある人々の復帰を目指す実践の持続性と同調化を押し進めなければならないのかもしれない。かくして、真の社会参入のための集団的組織(13)が考えられる。それは、固有の資金を持ち、決定権を持ち、雇用のための援助を容易にし、社会的隔離、貧困、排除との闘いを現に担うさまざまな決定機関の取りまとめを管轄する官庁の一種である。その結果、もしそうであれば、困難な状況にある人々の再教育に現在バラバラに携わっているさまざまなタイプのパートナーは、地方レベルではあるが、統一的な決定権と財力のもとで中央集権化されることになるかもしれない。このような措置は、おそらく、労働市場から長期間にわたって締め出された人々の存在がわれわれに課すすべての問題を解決するわけではないが、それは確かに、彼らを共通の体制において再統合化することへと導くことができる社会参入のダイナミックな運動を再開するための決定的前進となるかもしれない(14)。

より一般的には、社会的保護の仕組み全体が今日、給付支給の許諾を受益権者の特殊な状況や個人的な品行方正さとを考慮して決定することを目指す個人化、あるいは個性化に向かう傾向によって貫かれているように見えるということが強調された。極言すれば、こうして需要者と供給者とのあいだの相互交換の契約モデルは、権利所有者の無条件の規定に取って代わるだろう(15)。このような改革は、それが一般に一律給付配分の特徴である、個々の状況を無視した不透明で官僚的な性格を修正する限りで、積極的な成果を持ちうる。「受動的支出を再活性化すること」というスローガンには、なるほど真理の一面が含まれている。しかしながら、商品交換をそのパラダイムとする契約論理は、契約者間の状況の格差をあまりにも過小評価しすぎている。それは手当ての受益権者を需要者の状況に置き、あたかもその需要者が保護を与える決定機関と相互関係を結ぶために必要な交渉能力を自由に行使できるかのようにみなしている。およそ事実はそうではない。個人は、個人である限りで、自分の独立を確保するのに必要な資産を自分自身で調達できないという理由で保護を必要とする。したがって、自分の独立を確保すべき過程の主な責任が自分にあるということは、大抵の場合、騙されるのは自分が悪いからだと思い込まされることである。

権利に訴えることとは、博愛主義的、あるいは温情主義的な実践――たとえそれが正式な決定機関や社会援助の専門家によって行われたとしても――から抜け出すために今日見出されたたった一つの解決策である。この博愛主義的、温情主義的な実践は、不幸な人々が実際に援助に値するかどうかそしてまたどの程度までそうであるかを評価するために、多かれ少なかれ善意あるいは疑いを持って、その人々の運命の検討へと至る。権利を要求することはできる。なぜなら、権利は法律的に制定された集団的保証であり、この保証は個人の個々の問題を超えて正当な権利を持った社会の構成員の地位を認め、その結果構成員は社会的な所有に与り、市民権を持つ者に保証される不可欠の特典、例えば人並みの生活を送り、健やかで、住居が保証され、尊厳が認められるという権利を享受する「権利がある」からである。権利の適用と実行の条件は交渉次第である。というのも、権利の普遍性と権利の行使の画一性とは、混同されてはならないからである。しかし、権利自体は交渉の対象ではなく、それは尊重されるものである。それゆえ、社会的保護を具体的な状況や利用者の要求に適うところまで持っていくためになされた努力は賞賛に値するが、それでも越えてはならない一線がある。その一線をもし越えてしまえば、保護される権利と商品交換の類のようなものとを混同してしまうことになるだろう。この場合の商品交換の類とは、手当ての獲得を受益権者の利益のみに、あるいは受益権者たちが陥っている状況の多かれ少なかれ感情的な性格に従わせるということである。したがって、社会的保護とは単に貧しい人々を援助してどん底状態から救い出すことではないということをしっかり銘記すべきである。語の本来の意味で、社会的保護は、すべての人々が同胞社会に帰属し続けることができるためのあらゆる人々にとっての基礎条件なのである。

労働を安定化すること

今日、社会的保護の再展開をはかるための第二の主戦場は、労働状況と職業上の経路の安定化のそれである。そうするためには、現在の状況を可能な限り正しく診断することから始めるべきである。賃労働社会においては、無条件の諸権利（トクヴィルのように言えば「普通権」である）が仕事に就いているかどうかに応じて付与されていた限りで、社会的市民権について明確に語ることができた。定職にあるという身分は、権利・保護（労働の権利と社会的保護）の強い結合を保障する市民権の土台を作り上げてきた。一九七〇年代に始まる「大変貌」以来、慎重に言葉を用いるとして、この結合の弱体化が現れた。それは、弱体化あるいは風化であって、労働の状況と労働に伴う保護の悪化の過程を極限まで、ときには不合理に至るまで押し進めた、破局を思わせるいくつかの言説が主張しているような瓦解などではない[16]。ときに労働と保護の崩壊した一分野に直面したからといって、いくつかのもっと明らかな事実を忘れてはならない。すなわち、たとえ保護が脆くなり脅かされているとしても、われわれは常に保護によって覆われ保護が行き渡った社会のうちにいるのである（労働法、社会保障を見よ）。たとえ雇用関係が徐々に不安定になっているとしても、労働はその中心性を（失業者や不安定労働者に対するアンケートを見ればわかるように、仕事を失った人々、あるいは仕事を失うおそれのある人々もまた、とりわけそういう人々にとって）維持し続けてきた。たとえ労働にはもはやほとんど主導権がないとしても、労働‐保護の関係は常に決定的である（「権利所有者」も含めてフランス人の九〇パーセント近くが、退職者や部分的には失業者のような労働から離れた状況にある人々も含めて、労働によってその安全が「担保（couvrir）」されている）。

したがって、大多数の人々の社会的運命の本質的な役割が今後とも雇用をめぐって果たされることになる。しかし過去との違いは――その違いは巨大なものであるが――、もし労働がその重要性を失わなかったとしても、労働はその自分の保護者的な力の大部分を引き出してきた多くの堅固さを失ってしまったということである。労働状況と職業上の経路の一般的流動化（前章参照）は、労働世界の未来に不確実性をもたらした。もしこの変化がまじめに受け取られるならば、それによって今日直面しているはずの困難がどれほどのものかがわかる。すなわち、その困難は、新しい保護と、超流動化を特徴とするこうした労働状況とを結合することはできるのだろうかというものである。探索されるべき特権的な道は、不確実な状況を安定化し、行き先の定まらない航路を確かなものにすることができる新しい権利の探求のそれであるように私には思われる。

こうした観点から、今日雇用のあり方に再度問いかけなければならない。賃労働社会においては、雇用の特性と恒常性にこそ、労働者が恩恵を受けている保証が付与されていた。労働者は仕事に「就く」ことで、そこから義務と保護とを同時に手に入れるのである。こうした状況は期間（無期限契約が主流）においても、労働条件に含まれる業務内容（厳密に定められた評価体系、業種と給与の同一性、業務部署の一定性、キャリア継続の重視等）においても、労働条件の恒常性に対応していた。かつては雇用の社会的地位が認められていた。それは、市場の変動や技術の変化とはまったく関係なく、賃労働の条件の安定した基盤を作り上げてきた。[17]今日では、ますます雇用の細分化が見られるが、この細分化は単に厳密な意味での労働契約（CDIに対するいわゆる「非正規的」形態の雇用の増大）においてだけではなく、担当する仕事の柔軟化を通じても起こりつつある。そこから、多くの権利外の状況、あるいはアラン・スピオ[6]が「雇用のグレイゾーン」[18]と呼ぶ権利によってあまり守られていないような多くの状況が生まれている。例えばそれは、パートタイム労働、不定期労働、「独立」してはいるが顧客の意向に従わざるをえない労働、また電話業務、下請け、ネットビジネス等のような新しい形態の在宅業務である。同時に失業が深刻化し、仕事をしている期間と仕事をしていない期間との間隔が広がった。それゆえ、雇用の構造は、大抵の場合、それ自身は途切れることのない権利や保護を手に入れるための十分に安定した支えではもはやないように思われる。

こうした状況に対する一つの回答は、雇用の社会的地位の持つ権利を労働者個人に移すということであろう。

それは、一つの職業や特定の仕事に従事していることによって定義されるのではなく、あらゆる個人が生きているあいだに実現することのできるさまざまな形態の仕事を包括するような、諸個人の職業上の身分という観念である(19)。

この場合には、権利の連続性は仕事の中断のあいだも含めて（失業や、勉強のためのあるいは個人や家族の事情のための休職）、職業上の経歴の連続していないあいだも失われることはないだろう。

おそらく、このような移行によっても解決できない同じような問題が生じることになると反論されるだろう。この移行は実際、労働者が自分の仕事のさまざまな期間をカバーするために利用する「引き出し権」を自由に使うことを想定している。準備金をいかにして調達するのか、それは誰によって運営されるのか、いかなる保証のもとでなのか、それぞれの社会的パートナーにいかにしてそれを課すのか、そしてまたこの形態において国家の役割とはどのようなものなのか。今日これと同じ数だけの未解決の問題がある。したがって、広く解明する余地のある課題がまさに問題なのである。その上、人々のこの新しい職業的身分が古典的身分によってカバーされていないか、あるいは十分カバーされているとは言えない「雇用のグレイゾーン」に関わるべきなのか、それともその新しい身分があらゆる労働形態に付与された保護全体の完全な再構造化を強く望むべきなのかという問題が生じる。この問題は本質的である。というのも、第一の仮説では、無権利ゾーンの安定化をはかるためにすでに大筋で与えられている保護のシステムの完成に向かうことになるからであり、それに対して第二の仮説では、新しい基盤に基づいてすべて作り直すことになるからである。したがってこのことは、単に公的機関においてだけではなく、民間部門の安定的な多くの中核組織においても、現に今なお強い影響力を持つ雇用の古典的な身分の完全な放棄に帰着する。その解答は結局は、雇用の大規模な現在の危機を対象としてなされる診断にかかっている。大企業を基盤にして作り上げられ、その規模が産業資本主義の発展に対応している、いわゆる「フォーディズム的な」労働関係が、徹底的に解体されたということは間違いない。しかし、雇用身分の全体と「フォーディズム的な」賃金関係とを同一視すべきなのだろうか[20]。

こうした問いにどのような答えが与えられようと、多くの分野において雇用が、安定した体制から、転職、転進、休職期間、ときに離職を含む移行的体制とでも呼ばれるべきものへとすでに移ったことは間違いない。今後は、仕事に就いているあいだだけではなく、仕事から仕事のあいだや、ときには仕事と失業中のあいだにおいても、雇用の流動性によって、移行あるいは移動がたびたび生じることになる。ここから、この移動を組織化し、資産の喪失と社会的地位の落下に陥らないように二つの状態のあいだを架橋する必要が出てくる。これが「移動と保護の両立をはかる労働市場の流動性[21]」のプログラムである。スピオレポートによって推奨された社会的引き出し権は、このような論理において描かれる。しかしわれわれは、次のような労働者に開かれた一連の「移動権」をもっと大胆に考えることができる。

〔こうした一連の移動権によって〕仕事には就いていないが社会的に進路の用意された一連の段階は、職歴を中断させるのではなく、むしろ職歴の構成要素になる[22]。

このような見地から、変化に対応するための職業研修にまず優先権が与えられるべきである。現在恒常的に行われている研修を超えて、労働者のための真の研修を受ける権利を確立することが重要であろう。この権利によって、労働者は自分たちの道を進みながら、流動性に立ち向かうために必要になる知識や資格を手に入れることができるようになるはずである。ベルナール・ガツィエの指摘によれば、デンマークの人々は、彼らのいう「フレクシセキュリティ（flexisécurité）」〔7〕の枠内で、準完全雇用の状況を維持することに成功し、アングロ・サクソン系の権威主義的な「ワークフェア（workfare）」〔8〕（労働を奨励する福祉政策）に取って代わる、職業研修による援助を意味する「ラーンフェア（learnfare）」（学ぶことを奨励する福祉政策）という新しい言葉を作り上げ、労働者の職業能力をさらに向上させることによって、雇用への復帰の確保を目指した。

こうした自主的な取り組みは、古典的雇用モデルの堅固さを有した、労働の安定化モデルを整えることにまだ成功したわけではない。しかし、この取り組みのプラス・マイナスは、それが直面する根本的な問題、すなわち不安定な労働者に確かな身分を保証しながらいかにして流動性と保護とを両立させるかという問題に応じて測られる。それはまた、労働法や社会的保護の観点から見て低い立場にある仕事の増大に口実を与えたという点を問題にしなくとも、古典的な雇用の枠組みをはみ出した新しい形態の労働の大幅な拡大（多くの人々が第三セクターや第四セクターの発展、すなわち社会経済学や連帯の経済学の発展に希望を持っていることを見よ）をどのように評価すべきなのか。賃労働社会の確立以前にもそうであったように、労働の不安定性はおそらく社会の構成員の大多数にとって不安の主要な供給源である。重要なのは、この不安定性を、市場資本主義のヘゲモニーのもとに不可避的に進行する運命として受け入れるべきかどうかということである。

　ここ四半世紀にわたって労働組織に影響を及ぼしてきた規制緩和の拡大、そしてまた社会の風景を一変させた個人化のダイナミックな運動の深化は、大げさな楽観主義を証拠立てるには至らなかった。しかし、だからといって、これらによって、極端な悲観主義が、未来の唯一の読書欄になってしまうというわけではない。今日の資本主義の変化は、市場が求める最小のコストで最大の利益をあげるという要求と、資本と同じく利益の生産者である労働者を保護するという要求とをこれまでどうにか均衡させてきた賃労働社会の社会的妥協と真っ向から衝突する。しかしながら、これら二つの均衡のあいだで――産業資本主義とまだうまく形容できない新しい資本主義とのあいだで[23]――過渡期というものが意味を持つかどうかという問いは手つかずのままなのである。言い換えれば、それがシュンペーター〔9〕のいう「創造的破壊」の一契機なのか、あるいは明日の資本主義の巡航体制なのかどうかという問題が依然として残されている。「人的資本」の道具至上主義の最も野蛮な形式が新しい生産様式の要求に適う最善のものかどうかはまったく不明である。もし労働者が、柔軟さ、多能力性、責任感、進取の精神、変化に適応する能力といったことの証明を求められたならば、最小限の安全や保護もなしにそのように振る舞うことは可能だろうか。利潤を最大限にするために、労働は主要な「調整変数」のままであり続けることを余儀なくされるのだろうか。管理側の人々や経営側の人々においても、労働者のバーンアウトといった反生産的な結果や、株式の論理によってひたすら行われるリストラや管理様式の企業文化に対する破壊的影響についてはある程度自覚されるようになってきている。[24] しかも、ここ二〇年来大量失業によって支配されてきた社会的文脈において賃労働者に全体的に非常に不利に働いた力関係が、とりわけ人口上の理由から、今後もずっとそのまま続くかどうかもまた不明である。[25] 何が起ころうとも、重要なのは未来がどうなるかを予言することではなく、むしろ未来の相対的な予見不可能性を認めることであり、たとえ未来の統御を目指したとしても、それは今日われわれが何をして何をしないか次第であろう。このような不確実な状況は、保護の問題を無効にするではなく、逆にこの状況の危険な現実を際立たせる。社会の不安全の高まりがこれから収束するか否かは、大部分は労働が今後安定化に向かうか否かにかかっている。

結論

Robert Castel

L'insécurité sociale

「神のご加護がありますように」。信仰の時代に有名であったこの言い方は、人間という被造物が生存していく上で遭遇するあらゆる危険性から実際に保護されるためには、守護者たる全能の神が全面的に人間の面倒を見なければならない、という当時一般に共有されていた感情を表現したものである。この安全の絶対的根拠がなくなると、今度はそれ以降、社会の人間に対して、自分の保護を自分自身で行うというつらい仕事が割り当てられた。しかしながら、事態は、まるで安全の超越的保証人の撤退が、ついて回る自分の影のように、生存のあらゆる不確実性から身を守りたいという絶対的な欲望を存続させるかのように進行する。保護の拡大は、国家の発展や民主主義の諸要求と歩を一にする長い歴史の一過程であり、おそらくこの過程が今日ほど至るところに広がったことは一度もなかった。しかしながら、こうした多くの保護対策は、安全への切望を和らげるものではなく、反対にさらに活発にするものであることを認めなければならない。正しかろうが間違っていようが（しかし、この表現はたいした意味を持たない。なぜなら、問題は合理的な計算ではないから）、現代の人間は少なくとも、自分の余命を心配するに足る十分な理由に事欠かなかった彼らの遠い祖先と同じくらい安全に対する懸念に苦しめられているように思われるからである。このパラドックスを説明しようとすれば、社会・歴史的な進歩の歩みはここで、矛盾しているように見える二つの相補的な命題に行き着く。すなわち、一方では安全に対する懸念のインフレーションを告発することであり、他方では保護の必要の本質的な重要性を主張することである。

安全のインフレーションを告発すること、なぜなら、結局この立場は、保護されることの可能性そのものを消滅させてしまうからである。それは社会的生存の中心に恐怖を置くことであり、またこの恐怖があらゆる人間存在の宿命である制御しがたい危険性を対象とする場合には、恐怖は何も産み出すことはない。われわれはこれまで、リスクに関する考察の近年の情勢の変化が、極端な場合には、生の否認になりかねない安全の、いやむしろ絶対的不安全の神話学の養分になっていることを強調してきた。この点に関して、『ゼーノの苦悶』[1]のイタロ・スベーボの鋭い教訓を思い起こさなければならない。

生は少し病気に似ている。生はまた危機や憂鬱によって前進する。しかしながら、他の病気と違って、生は常に死すべきものであり、生はいかなる治療であっても受け入れない。生を治療することは、われわれの生体の開口部を傷とみなすことによって、この口を塞ぐことであろう。そうなると、回復するやいなや、われわれは窒息してしまうだろう。

生は一つのリスクである。なぜなら、生の成長にはコントロール不能なものが入り込んでいるからである。もう少し前のところで、現在起こっている予防に対する懸念のインフレーションを問う必要があったかもしれない。このインフレーションは安全に対する懸念のインフレーションとひそかに結託しているからである。間違いなく、治療するよりは予防する方がよいのだが、予防のための効果的なテクノロジーは数において限りがあり、絶対確実であるということはまずない。したがって、一般化された予防というもののイデオロギーは、破綻を余儀なくされる。しかし、このイデオロギーが持つ危険を一掃したいという狂ったような欲望は、おそらく近代特有の消しがたい不安の一形式のもとになった。パトスに屈することなく、人間が有限であるということや、人間は死すべきものであることを知ることが人間にとって知恵の始まりにほかならないということを想起するのは有益である。

しかしながら、全面的安全の神話の拒絶は、同時に保護されることを望む傾向は近代人の条件の中心に刻みつけられた必然性を表すものであるということの擁護に向かう。ホッブズに始まる近代の最初の思想家たちがよく見ていたように、諸個人の社会の基礎となっている契約のそもそもの始まりは、市民的不安全と社会的不安全とを克服したいという要求である。近年、市民的不安全に関してあまりに語られたり書かれたりしすぎたので、この点については私がこれまで論じてきたことにとどめておくことにしたい。すなわち、絶対的安全の追求は、法治国家の諸原理と矛盾をきたしかねず、不審者を探し出し、スケープゴートの断罪を通じて満足するような治安偏重的な衝動へと容易に陥ってしまう、ということである。郊外の若者たちがその構成員である「新しい危険な階級」という幻影は、この種の逸脱の例証である。しかしながら、安全の追求は単に警察や司法や内務省の問題にとどまることのない要求を表している。安全は、不安全が社会契約の重大な欠陥である限りで、社会権の一部になるべきであろう。日々不安の中を生きていくことは、もはや社会の同胞と協調することができなくなるということであり、人を受け入れたり人との交流においてではなく、脅威にさらされて社会を生きるということである。この日常の不安は、しっかりとした社会的地位によって与えられる所得や住まいや保護に関して特別な資産を持たない人々に特に影響が大きいだけに一層許すことができない。これらのすべての人々もまた、社会的不安全の犠牲者なのである。市民的不安全がどの程度まで社会的不安全の結果なのかという原因についての問いに関して意見を述べることは差し控えるとしても、不安全の脅威を日常的に生きるという事実と、生活上の物質的困難にさらされるという事実とのあいだには、少なくともいくつかの相関関係が認められる。それだけで、精神主義を拒否し、市民的不安全をできる限り克服すべきだと考えるには、十分な理由である。しかし、どんな手段を使ってもよいというわけではなく、万人のための安全と万人のための自由の尊重との間に妥協点を見出すのは容易なことではない。

しかしながら、今日確実に、不安全は、社会的不安全との闘いを通じて、すなわち社会的保護の展開と再編とによって、多くの場合制圧されているはずである。実際には、現代社会において、保護されるとはどういうことなのか。それほど悪い主人というのでなければ、奴隷はしばしば保護されてきたのであり、しかも主人にとっては奴隷が生きながらえるために必要とされる少なくとも最小限度の財産を自分の奴隷に持たせることが自分の身のためでもあった。父権制の家族においても、女性、子供、使用人は保護されてきた。またしばしば、男でも女でも年老いた召使いも、役に立たなくなったときでさえ、見捨てられることはなかった。主従関係、犯罪組織、党派、そしてあらゆる伝統的なゲマインシャフトは強力な保護システムを獲得したが、このシステムはそれらの構成員同士の強い依存関係を代償とする。

それこそが、革命の時のサン・ジュストの宣言に非常に現代的な響きを与えているものである。

> 法律以外のものに頼ることなく、また戸籍上の相互依存関係に頼ることなく、すべてのフランスの人々に生きていくのに一番必要なものを手に入れてもらうこと[1]。

二世紀にも及ぶ社会の対立と妥協の果てに、国家は、国民‐社会国家のかたちで、「生きていくのに一番必要なもの」を超えて、全部かあるいはほとんどの人が最低限の独立を享受できるために必要な財産を「与えた」。まさにそれこそが、諸個人の社会において、社会的視点から見れば、保護されているということなのである。すなわち、保護されるとは、諸個人が権利上、自分たちの独立のための最低限の社会的条件を所有しているということなのである。したがって、社会的保護とは私がレオン・ブルジョワに従って同胞社会と呼んだものを形成するための可能性の条件である。この社会は、社会構成体の一類型であり、その中では排除されるものは誰一人いない。なぜなら、ここでは、誰もが皆、すべての人々と相互依存関係（単に依存関係というだけではなく）を保つために必要な財産と権利とを所有しているからである。これが社会的市民権の実現可能な定義である。それはまた政治的用語で民主主義と呼ばれるものの社会学的定式化でもある。

周知のように、ここ四半世紀以来、このような、賃労働社会の枠組みの中で組み立てられた保護の体系は、ひび割れを起こし、市場のヘゲモニーがますます強まるにつれて崩壊しつつある。このような変化の深刻さや後戻りできない性格から見て、この保護の仕組みをそのまま維持するのは不可能である。しかし、これらの変化の規模の大きさはまた、新しい状況において変化を再編成し、変化の放棄が行き着く先を真面目に考えようとすることがどれほど急を要するかを強調している。提示すべき奇跡的な秘策など持っていないので、私はここではとりわけ、同胞社会を形成し続ける可能性を疑問視されかねないところまで、保護の形状を今日くっきりと描き出しているあのひび割れの線を詳しく論じようと努めた。そのことを最後に総合的に言えば、社会的保護のプロブレマティークの主要な争点は、今日、労働と市場との交差点に位置しているように思われる。この争点は、カール・ポランニーによって提出された、今なお強いアクチュアリティを保ち続けている、次のような中心問題から出発することによって理解されうる。すなわち、市場を飼い馴らすことは可能だろうか（そしてもし可能であれば、どの程度まで、どのようにして）。実際、セキュリティ社会の構築において社会的所有が果たす役割に触れた際に強調されたように、市場の一定の馴致化こそが、社会的不安全の克服をかなりの程度まで可能にしたのである。そしてまた、まさにある種の労働の再商品化こそが、賃労働の条件の不安定化を伴いながら、これまで雇用と結び付いていた保護の壊滅を通じて上昇した社会的不安全の主たる原因なのである。

　しかしながら、こうした事実確認は市場の断罪化に向けられてはならない。「市場を断罪すること」というのは、しかも厳密には何ら意味のない一つの表現である。市場の集権化と労働の集権化は近代の本質的な特徴であり、たとえそうした関係がこれら二つを一緒に主張したアダム・スミス以降根本的に変わってしまったにしても、われわれは今だにそこに存在しているのである。おそらく、われわれは、商品経済の外や隙間にその名を見つけ出すことができる興味深い社会的実験が展開されているのを見る。しかし、この実験が市場の存在にまるごと取って代わるもう一つの道でありうるということは問題外であり、そんなことはまるで私の望むところではない。市場なき社会とは、実際には、一つの大きなゲマインシャフトになるだろう。このゲマインシャフトは、社会の作り方の一つであり、古いだけではなく新しくもあるその歴史が示すように、それは一般的に情け容赦のない支配関係や屈辱的な依存関係からなる家父長的関係によって構造化されてきた。市場を廃止することは、まさしく反動的な選択、マルクスがすでに「封建的諸関係の魔法の世界」に言及しながらそれを嘲笑した、一種の逆ユートピアである。

したがって、問題はまさに市場のヘゲモニーに制限を設けることができるかどうかである。すなわち、市場を抑制できるかどうかである。これは、国家の庇護のもとでの市場と労働との妥協の成果である社会的所有の形成であった、静かな大革命の恩恵を受けて発展した賃労働社会の枠内での問題である。今日では、市場や労働や国家は以前と同じ構造を持っているわけではないが、それらの関連性の問題は常に生じる。流動的になった労働や一貫性がなくなった市場にこそ、柔軟になった社会国家がおそらくふさわしいはずである。柔軟で活動的な社会国家、それは単なる修辞的な言い方ではなく、一つの要求の定式化なのである（それはその実現の確実性を意味しているわけではない）。すなわち、市場の無秩序状態を枠内に収めるためには規制のための公共的決定機関が今まで以上に必要であり、もしも市場の全面的支配が進んだ場合には、市場は、勝者と敗者、裕福な者と惨めな者、受け入れられる者と受け入れられない者とのあいだの分裂した社会へと向かうことになる。同胞社会の反対である。

不安定さにさらされることは、市民的不安全と社会的不安全の両方と戦うことである。今日、市民的安全（財産や人間の安全）を確保するためには、国家の強い影響力が必要とされる、という事実については非常に幅広い同意がある。すなわち、法治国家を守らなければならない。社会的不安全と戦うことについても事情は同じであろう。すなわち、社会国家を救わなければならない。実際、諸個人が分裂しアトム化することとは別にして、公共的な規制システムが社会的結合の名のもとに私的利益のあいだの競争に対する一般的利益の保証の優先を強制するのでなければ、「諸個人の社会」はありえない。この公共的決定機関――この決定機関をむしろ中央集権的かつ地方分権的、また国家的かつ超国家的といわなければならない――は、個人化と流動性の義務の二重の刻印を押された世界においてその作用することへの様態を見出さなければならない。最小限言えることは、それは些細なことではないということである。というのも、われわれは、国内的な枠組みにおいて行使される強大な均質的統制を通して国家権力を考えることに慣れているからである。しかし、それはおそらく「保護されるとはどういうことか」という問いに対する現代の状況に適合した唯一の回答なのである。

注

第一章　法治国家における市民的安全

（1）George Duby,《Les pauvres des campagnes dans l'Occident médiéval jusqu'au XIIe siècle》, *Revue d'histoire de l'Église en France*, t. LII, 1966, p. 25（ジョルジュ・デュビ「一二世紀以前の中世ヨーロッパにおける貧しい田舎の人々」『ルビュ・ディストワール・ドゥ・レグリーズ・アン・フランス』誌、第五二巻）。

（2）Thomas Hobbes, *Le Léviathan*, Paris, Sirey, 1971（トマス・ホッブズ『リヴァイアサン』）。

（3）*Ibid.*, p. 369（同書、三六九頁）。

（4）John Locke, *Second traité du gouvernement*（1669）, trad. fr., Paris, PUF, 1994, §173（ジョン・ロック『統治二論』第一七三節）。この独立を保証する所有制についての図式はまた、ジェームズ・ハリントン（一六一一―一六七七）にも見られる。彼はその図式を、共和制国家の構成員が政治的市民権を自由に行使できるための条件とみなした（*Oceana*, trad. fr., Paris, Belin, 1995を参照）。

（5）John Locke, *Second traité du gouvernement*, §124（ジョン・ロック『統治二論』第一二四節）。

（6）*Ibid.*, §123（同書、第一二三節）。

（7）この努力は、現実の不平等を隠すための「形式的」な装いをはるかに超えている。一つだけ例を挙げるならば、精神病患者の監禁を法的に正当化するために、多大な努力を払った七月王政がある。その目的は明確であった。狂人は危険なものと思われていたので、自由にさせてもらえなかった。ただし彼らには責任能力がないという理由から、刑に処せられることも、投獄されることもなかった。一八三〇年代にこうした問題は、約一万人に関係したが、社会秩序を脅かすことはなかった。しかしこれは、自由主義国家の原理を脅かすことでもあった。つまり制裁の法的な性格の遵守や、絶対王政国家の封印状と囚人たちを連想させるあらゆる恣意的な監禁形式の禁止の必要性を脅かすものだったのである。袋小路からの脱出は、エスキロールや主要な精神病医によって提言された「治療のための監禁」の承認であった（狂人の監禁は処罰のためではなく、治療のためでなければならない）。この一八三八年の、精神病者を例外とする法律は、下院や貴族院での何カ月にもわたる激論の後、可決された。非常に実り豊かなこの議論の目的は、まさしく支離滅裂な狂気から安全を確保することであったが、法的な枠組みにおいて、新しい法律の制定に腐心し、そのことによってどうにかして安全の確保をはからなければならなかった。狂人のために制定されたこの一八三八年の法律は確かに特別法であったが、それはその当時の最も民主主義的な手続きを遵守しつつ可決された法律なのである。

（8） Saint-Just, cité par Maxime Leroy, *Histoire des idées sociales en France*, t. II, p. 272（マクシム・ルロワによって引用されたサン・ジュストの言葉。マクシム・ルロワ『フランスにおける社会思想の歴史』第二巻）。確かにサン・ジュストは、「しかし陰謀家の財産は不幸な者たちのためにある」と付け加えている。しかし、この補足は、所有権に与えられた並外れた価値を裏付けるものである。というのも、所有権は、真の市民には必要であるが、祖国の敵にはふさわしくないからである。

（9） Charles Gides, *Économie sociale*, Paris, 1902, p. 6（シャルル・ジッド『社会経済学』六頁）。

（10） 他の文化圏における不安全については、例えばルシオ・コヴァリックの「リスクを生きる――ブラジル都市部におけるヴュルネラビリティ――」（『エスクリトス・ウルバナス』誌、サンパウロ、第三四号、二〇〇〇年 [“Living at Risk, on Vulnerability in Urban Brazil”, *Escritos Urbanas*]）を参照。これはブラジルの大都市における不安全の遍在についての印象に残る描写である。今世紀フランスにおける状況については、例えばドミニク・カリファの「夜襲」（『社会と表象』誌、クレド、第四号、一九九七年五月 [Dominique Kalifa, 《L'attaque nocturne》, *Société et représentation*, Credes]）を参照のこと。ここでは、現実の不安全とともに、当時のメディアによって演出された一九〇〇年頃のパリの人々が抱いた夜の不安が描かれている。新聞がパリでひと月で一四〇回に及んだ夜襲についていく度も記載しているように、アパッシュの時代に犯罪的な暴力が明らかに今日よりも出現しており、しかも不安全というテーマが政治目的ですでに利用されていたこともわかる。警視総監の寛容主義を非難することはまた、その当時の反対勢力にとって、政府の正当性に異議を唱える一つの仕方でもあった。

〔1〕 Hobbes, Thomas: 1588-1679. イギリスの政治思想家、哲学者。『リヴァイアサン』、『市民論』など。

〔2〕 Weber, Max: 1864-1920. ドイツの思想家、社会学者。『プロテスタンティズムの倫理と資本主義の精神』、『理解社会学のカテゴリー』、『支配の社会学』など。

〔3〕 Locke, John: 1632-1704. イギリスの政治思想家、哲学者。『人間知性論』、『統治二論』など。

〔4〕 Rousseau, Jean-Jacques: 1712-78. フランスの啓蒙思想家、作家。『人間不平等起源論』、『社会契約論』、『エミール』など。

〔5〕 Robespierre, Maximilien de: 1758-94. フランスの政治家。フランス革命時に、ジャコバン派（山岳派）を率いる。

〔6〕 Saint-Just: 1767-94. 二五歳で国民公会議員となり、反革命勢力を次々と処刑し、またルイ一六世の処刑を訴えた。

〔7〕 フランス革命において、独自の政治運動を展開した都市の下層民衆。ジャコバン派の支持基盤。

〔8〕 本名フランソワ＝エル・バブーフ（一七六〇―九七）はフランスの革命家、思想家であり、平等社会実現を目指す「バブーフの陰謀」を企てたが、失敗し刑死した。彼の名を冠したバブーフ主義は「完全平等主義」とも呼ばれ、のちに共産主義者に高く評価された。

〔9〕 Gide, Charles: 1847-1932. フランスの経済学者。「連帯」の概念を社会学に適用し、消費者の連帯、消費者協同組合をいち早く提唱した。自由放任主義など当時主流であった経済学諸派に反発し「連帯派」を形成した。『経済学原理』など。

〔10〕 いかに軽微なものであっても、あらゆる法律違反を徹底的に取り締まることによって、犯罪の抑制が可能になるという考え方、あるいはそれに伴う政策。ジュリアーニ、ニューヨーク元市長が行ったものが有名。

第二章　保護国家における社会的安全

（1） Sébastien Le Preste de Vauban, *Projet de dîme royale*, Paris, 1707, p. 66（セバスティアン・ル・プレスト・ド・ヴォーバン『一〇分の一税法案について』六六頁）。ヴォーバンは、太陽王ルイの時代の人民の悲惨な生活をあまりにも鮮明に描写したので、不興を買った。

（2） 国民憲法議会の乞食委員会のメンバーであるランベールの言葉。以下のドレイフュスの著作からの引用。L. F. Dreyfus, *Un Philanthrope d'autrefois, La Rochefoucault-Liancourt*, Paris, 1903.（『昔のフィランソロピスト　ラ・ロシュフーコー＝リアンクール公』）。

（3） E. J. Sieyès, *Écrits politiques*, Paris, Éd. des Archives contemporaines, 1985（E・J・シェイエス『政治論集』）。

（4） 一七九三年四月一五日の国民公会議における演説。以下のマルセル・ゴーシェの著作からの引用。Marcel Gauchet, *La Révolution des droits de l'homme*, Paris, Gallimard, 1989, p. 214（マルセル・ゴーシェ『人権革命』）。

（5）　しかしながら、一九世紀の社会問題の核心となるものは、社会の観察者全体によって、「恒常的貧困」の発見というかたちで一八二〇年代に自覚されるようになった。すなわち、それは、大衆の悲惨が直接産業化に結び付いており、その拡張は近代の発展そのものに組み入れられているという驚くべき事態を多くの点で明らかにした。しかし、自由主義者であれ保守主義者であれ、支配階級の代表者たちは、大衆の悲惨を国家レベルで考慮しなければならなかったにもかかわらずそれを政治問題にすることなく、経営者の慈善行為や温情主義の実行によって、この問題に応えようとした（私はあえて革命的社会主義のさまざまなヴァリアントを括弧に入れておく。これらのヴァリアントは、革命的社会主義と同時に展開されたが、他方で近代社会の統治様態が作られた政治領域からは排除された）。

（6）　Peter Wagner, *Liberté et discipline. Les deux crises de la modernité*, trad. fr., Paris, Métaillé, 1996（ペーター・ワーグナー『自由と規律——近代の二つの危機——』）。地球規模で考えれば、この「制限」は、より一層限定的であるように見える。自由主義的近代は、二重の排除の上に成り立っているとも言えるかもしれない。すなわち、当時最も発展していた諸国（西欧、次いでアメリカ）の人民層の排除と、こうした国々以外の人々の排除とである。

（7）　Richard Senenett, *The Corrosion of Character*, New York, WW Morton and Company, 1998（リチャード・セネット『性格の腐蝕』）。

（8）　*les Métamorphoses de la question sociale. Une chronique du salariat*, Paris, Fayard, 1995, Gallimard, coll.《Folio》, 1999（『社会問題のメタモルフォーズ——サラリーマンのクロニカル——』）において、私は、このことを論証しようとした。特に、第六章及び第七章参照。

（9）　私はアンリ・ハッツフェルトの直観を今一度借用する。Henri Hatzfeld,《La difficile mutation de la sécurité-propriété à la sécurité-droit》, *Prévenir*, n° 5, mars 1982（「所有としての安全から権利としての安全への困難な移行について」）。ここで私が理解している意味での社会的所有という言葉は、一九世紀末の共和主義の著者たちの中に見出されるものである。特に、Alfred Fouillé, *la Propriété sociale et la démocratie*, Paris, 1884（アルフレッド・フイエの『社会的所有と民主主義』）を参照。フイエは、「真に自由などんな市民にでも不可欠な、そして他の財産に匹敵するいわば最低限の所有である」人間にふさわしい富の保証となる手段として義務的な保険を擁護する。

(10)『レジスタンス国民会議』(*Conseil national de la résistance*) 一九四四年三月五日の行動綱領。

(11) François Ewald, *l'État providence*, Paris, Grasset, 1986, p. 343 (フランソワ・エヴァルト『福祉国家』)。完璧を期すなら、こうした保険構造の整備に加えて、公共サービスの充実を考えなければならないだろう。公共サービスは、個人的利害に左右されない大量の主要な財産を自由に使う仕組みとして理解され、社会的所有の重要な一部となるものである。つまり、非商業的サービスがすべての人に利用可能であるということは、細分化された近代社会のさまざまな領域を一つにまとめ上げる本質的な統一化の一要因となっているからである。公共サービスについてあまり長々と説明することはできないが、公共サービスの役割が今日再検討されていることから見ても、その役割は、こうした考えに沿って展開された主題に完全に統合されるだろう。

(12)「栄光の三〇年間」といわれた期間において、労働者と管理職とのあいだの所得の違いは、若干の経済状況の変化を別にすれば、実際には変わらないままだった。ここで思い浮かべなければならないとすれば、エスカレーターのイメージである。すなわち、エスカレーターに乗っている人々は上昇していくが、人と人とのあいだの距離、ここでは、それぞれの階段に乗っているそれぞれの社会階層の人々のあいだの距離は同じままである。

(13) カリカチュアも含めてこうしたイデオローグの最も代表的な人物は、おそらくジャン・フラスティエである。Jean Fourastié, *les Ttrnte Glorieuses ou la Révolution invisible de 1946 à 1975*, Paris, Fayard, 1979 (ジャン・フラスティエ『栄光の三〇年間、あるいは一九四六年から一九七五年までの見えない革命』)を参照。

(14) Léon Bourgeois, *Solidarité*, Paris, 1986 (レオン・ブルジョワ『連帯』)。この著作の背景に、エミール・デュルケームの有機的連帯のモデルが認められる。このモデルは、多様的であると同時に統一的(統合的)な一つの社会への社会的帰属がとらなければならない形態である。

(15) この闘いは、実際、一九七〇年代初頭に終わったわけではないプロセスにおいて行われている。言い換えれば、貧困が残り続けているように、社会的不安全も残り続けている。しかしそれらは、どうしても必要であると思われるダイナミックな運動との関連で生じた残滓と考えられる。こうして、賃労働社会の周縁に取り残された諸個人から成る「第四世界」とも呼ばれるものが存在する。しかしながら、彼らが存在するからといって、社会の上昇運動が疑われているわけではない。というのも、われわれは、やがて彼らのような人がいなくなることを期待しつつ、多少なりとも彼らを助けようとしているからである。同様に、労働に基づいて作られる無条件の保険上の覆いとは別に、救済を受ける権利に頼る生活保護を受けるさまざまな階層の人々がいる。しかし、ディディエ・ルナールが述べたように、「さまざまな社会保険は援助のための諸制度を無用にしかねないといった世論が、世紀の転換期以来多数を占めるようになり、戦争の末期には決定的に幅を利かせるになった」(Didier Renard,《Intervention de l'État et genèse de la protection sociale en France》, *Lien social et politiques*, nº 33, printemps 1995, p. 108 [「フランスにおける国家の介入と社会的保護の生成」『社会的政治的紐帯』誌所収、第三三号])。よく知られているように、フランスの社会保障計画の重要な人物となったピエール・ラロックは、援助について特に侮蔑的な考え方をしており、いつか援助というものをなくしてしまわなければならないと考えていた。「援助は、援助を受けている人が努力しなくなり、惨めさを甘受することに平気になり、社会の梯子を這い上がるという希望を持たなくなることで、その人を、知的にも道徳的にもダメにしてしまう。(中略) 援助は、社会問題に、部分的かつ非常に不完全な解決策をもたらすだけである」(Pierre Laroque, *L'Homme nouveau*, nº 1, janvier 1934 [『新しい人間』誌、第一号])。

(16) H. Hatzfeld,《La difficile mutation de la sécurité-propriété à la sécurité-droit》(H・ハッツフェルト「所有としての安全から権利としての安全への困難な移行」前掲論文)より。

〔1〕 Vauban, Sebastien Le Preste de: 1633-1707. ルイ一四世に仕えたフランスの軍人、技術将校、建築家。著書『一〇分の一税法案について』は重農主義の先駆けとして知られている。

〔2〕 Marx, Karl: 1818-83. ドイツの経済学者、哲学者、革命家。エンゲルスとともに科学的社会主義を創始。『資本論』、『ドイツ・イデオロギー』、『ルイ・ボナパルトのブリュメール一八日』など。

〔3〕 Wagner, Peter. ドイツの社会学者、社会哲学者。『経験と解釈としてのモダニティ』、『モダニティの新しい社会学』、『モダニティの理論化——社会理論における不可避性と成就可能性』、『モダニティの社会学——自由と規律』(仏訳『自由と規律——近代の二つの危機』な

ど。

〔4〕 Sennett, Richard: 1943- . アメリカの社会学者。邦訳書としては『不安な経済／漂流する個人――新しい資本主義の労働・消費文化』（大月書店）、『それでも新資本主義についていくか――アメリカ型経営と個人の衝突』（『性格の腐食』）（ダイヤモンド社）、『公共性の喪失』（晶文社）などがある。

〔5〕 Bourgeois, Léon: 1851-1925. フランスの政治家。彼の政治的立場は個人主義的自由主義と集団主義的社会主義の間に位置する「連帯主義」を取っていた。一八九五年には首相を務め、第一次大戦後に国際連盟に携わり、一九二〇年にノーベル平和賞受賞している。

〔6〕 Bergeron, André: 1922- . フランスの組合活動家。数多くの労働運動に携わり、失業保険の創設にも貢献した。UNEDIC（産業および商業における雇用のための職業間国民連合）の創設者の一人で、その会長などを歴任している。

〔7〕 Keynes, John Maynard: 1883-1946. イギリスの経済学者。市場への国家の介入の必要性を説く。『雇用、利子および貨幣の一般理論』、『貨幣論』など。

〔8〕 Hatzfeld, Henri.『神々の誕生、人間の生成』、『宗教の根源』、『貧困状態から社会保障へ 一八五〇―一九四〇』など。

第三章　不確実性の高まり

（1） Peter Wagner, *Liberté et discipline. Les deux crises de la modernité, op. cit.*（P・ワーグナー『自由と規律――近代の二つの危機――』前掲書）。

（2） こうした国民・社会国家という表現は、明らかにファシズムの国家社会主義と何の共通点もない。それは、おそらく第二次世界大戦後の西欧の主要国家の政治を形容するのに最もふさわしい表現である。西欧の主要国家は、国家の事情の特殊性に応じて、それ相当の規模で社会政策を展開することができた。それぞれの国家は、自国の経済発展を調整しながら、隣国のそれと同程度の社会的施策を繰り広げることができた。というのも、こうした政策のための財源の割合は、各国の国際競争を損なうものではなかったからである（なお付け加えておくと、国際的な次元でのこういったヨーロッパ諸国の有利な立場を利用して、植民地、旧殖民地、そして第三世界の国々とのあいだで行われた不平等な交易関係によって、このようなヨーロッパの国民国家の政策は容易になった。ヨーロッパの国民国家は、国際的な次元において有利な立場にあったため、植民地や植民地以外の国、発展途上国との不平等な貿易関係を作り上げることができた)。エティエンヌ・バリバールは、国民・社会国家という表現をこれと同じ意味で使っている。(Étienne Balibar, 《Entretien avec Étienne Balibar》, *Mouvements*, n° 1, novembre-décembre 1998〔「エティエンヌ・バリバールとの対談」『ムーヴマン』誌、第一号、一九九八年一一月—一二月〕参照。

(3) Jean-Paul Fitoussi, Pierre Rosanvallon, *le Nouvel Âge des inégalités*, Paris, Le Seuil, 1997(ジャン=ポール・フィトゥッシ、ピエール・ローザンバロン『新不平等世代』)。

(4) Éric Maurin, *l'Égalité des possibles*, Paris, Le Seuil/La République des Idées, 2002(エリック・モーラン『可能性の平等』)参照。

(5) Ulrich Beck, *Risk Society*, Londres, Sage Publication, 1992(ウルリッヒ・ベック『リスク社会』)。

(6) Luc Boltanski, Ève Chiapello, *le Nouvel Esprit du capitalisme*, Paris, Gallimard, 1999(リュック・ボルタンスキー、エーヴ・シャペロ『資本主義の新しい精神』)。

(7) Pierre-Michel Menger, *Portrait de l'artiste en travailleur*, Paris, Le Seuil/La République des Idées, 2002(ピエール=ミシェル・マンジェ『労働者としての芸術家の肖像』)。

(8) Yann Moulier Boutang, 《Capitalisme cognitif et nouvelles formes de codification du rapport salarial》, *in* C. Vercelone (sous la dir. de), *Somme-nous sortis du capitalisme industriel?*, Paris, La Dispute, 2003(ヤン・ムリエ・ブータン「認知資本主義と賃労働関係の新しい形のコード化」C・ヴェルスロン編『われわれは産業資本主義から脱出したか?』)。

(9) 産業組織の古典的な拠点であるソショー・モンベリアールのプジョー工場におけるこうした変化の結果の分析に関しては、以下のものを参照。Stéphane Beaud et Michel Pialoux, *Retour sur la condition ouvrière*, Paris, Fayard, 1999(ステファヌ・ボーとミシェル・ピアルー『労働条件再考』)。

(10) とはいえ、この点に関して、経営者的な立場での言説の楽観主義を相対化する必要があろう。就労者は動員をかけられることによって、しばしば、身を粉にして働くことを強制され、また労働とは関係のない状況においてでも、仕事至上主義によって侵され、結局、高い地位にある管理職が問題であるにせよ、疲弊し、働く意欲が奪われるに至る(「バーン・アウト」についての多くのアングロ・サクソン圏の文献を見よ)。法律上の労働時間短縮化傾向にもかかわらず（週三五時間労働に関する法を参照）、労働負担の強化はあらゆる段階において現に起こりつつある生産の現代的な再組織化の一般的特徴であるように思われる（例えば、Bernard Vivier, *la Place du travail*, rapport du Conseil économique et social, Paris, Éditions du *Journal officiel*, 2003［ベルナール・ヴィヴィエ『労働の場所』経済・社会会議による報告］を参照）。

（11）しかし、この点については、Pierre Ansart (sous la dir. de), *le Ressentiment*, Bruxell, Bruyant, 2002（ピエール・アンサール編『ルサンチマン』）を参照。

（12）しかも思い起こせば、一九五六年のプジャード主義のうねりの中で、選挙で当選した最も若い議員がジャン＝マリー・ルペンであった。

（13）労働運動の衰退と関連して現れた、このような資格の社会的無効化状況の社会的次元に関しては、S・ボーとM・ピアルーが『労働条件再考』（前掲書）において強調している。

（14）二〇〇二年四月の大統領選挙の第一次投票の結果に現れた「驚き」（この選挙において国民戦線の候補者が、失業者、非正規で働く人々、そして労働者や被雇用者のある種の階層の人々の中で第一位になった）については多くの説明の試みが見られるが、特にMichel Pialoux et Florence Weber, 《La gauche et les classes populaires. Réflexions sur un divorce》, *Mouvement*, n° 23, septembre-octobre 2002（ミシェル・ピアルーとフローレンス・ウェーバー「左派と大衆階級――分裂に関する省察」『ムーヴマン』誌、第二三号、二〇〇二年九月―一〇月）を参照。

（15）「プワーホワイト」という形容句は、「プジャード主義者」のそれと同様に客観的な意味で用いるものであり、それが表している人々に対する軽蔑を表すために使っていると受け取ってほしくはない。というのもまず、こうした反応は、自分で選んだわけでも、第一義的に責任があるわけでもない状況を前にした混乱を表すものだからである。第二に、階級的人種差別は、貧しい人たちだけのものではないからである。例えば、一九世紀の保守的ブルジョワが「新しい野蛮人」に対して行ったのは、まさに本当の意味での階級的人種差別であった。彼らの目には、産業化が始まったころのプロレタリアートたちが「新しい野蛮人」を代表するものだったからである。

（16）Auguste Comte, *Système de politique positive*, éd. de 1929, Paris, p. 411（オーギュスト・コント『実証政治体系』一九二九年版）。それ以前には、浮浪者たちは

産業化以前の社会に固有の不安感を体現することで、「危険な階級」という同じ役割を担ってきた。一つの社会がその周縁とのあいだに持ち、恒常的な人類学的特性に帰着しうるような特別な種類の関係については別の事例がある。すなわち、内部の敵は社会集団の周辺に、いわばよそ者の集団にとどまる。というのも、これらの集団はしばしば他の場所からやってきており、支配的文化を共有せずに社会的交換の共通の回路の中に入ることはないからである。

(17) 肌の色、名前の響きによる雇用差別は日常的に見られることであり、それは道徳的に非難されるべきのみならず、今日自由主義一般が掲げている原理とも矛盾する。一方では自由主義的イデオロギーは、労働市場の開放を妨げる労働法の保護を目指す、市場の自由化に反するあらゆるものを断罪する。しかし同時に、自由主義的イデオロギーは、保護主義的な移民政策を奨励し、雇用予備軍に対する実際の差別を容認している。このような予備軍は、同じ資格をもっていても、「外国人」風であるというだけで締め出されてしまうのである。したがって、次のような現在の自由主義の矛盾を強調しなければならないだろう。それは、一方では、あらゆる犠牲を払って商業の自由な流通の実現を目指し、他方では、人々の自由な移動を妨げる政治的及び社会的障壁についてはそのままにしておくという矛盾である。

(18) 産業化以前の社会における浮浪者対策との類比は、ここでもまた参考になる。中世末期以来、フランスの王権、しかしまたより一般的には西欧の政治権力全体は、浮浪者や物乞いの取締りを、その社会政策の中心に据え、それを遂行するための手段にお金を惜しまなかった。しかし、何十万もの浮浪者が追放され、さらしものにされ、幽閉され、漕役刑に処され、縛り首にされたなどという事実にもかかわらず、それが有効であったかどうかは疑わしい。というのも、このやり方は、そのつど成功しなかったにもかかわらず、何世紀にもわたってたえず繰り返されてきたからである。おそらくこのような残酷な処置によって、数多くの生活困窮者たちは、同じくらい危険なやり方を取るのを思いとどまるようにはなったはずである(「真の防止策は、懲罰である」)。しかし、アンシャン・レジームの終焉まで、問題は解決されないまま残り続ける。なぜなら、浮浪者とまだ働ける物乞いとを生み出したのは、大衆の悲惨と同業組合制による労働市場からの締め出しとであった。浮浪者問題への自由主義的回答は、就労の自由の宣言であった(ル・シャプリエ法を参照)。しかしそれを達成するためには一種の革命が必要であったが、ただしそうなればそれはまた不安全に関する難しい結果を生み出すことになるだろう。つまり、革命は、それ自身やがて「危険な階級」となるプロレタリアートの誕生の可能性の条件であった。

(19) この点に関しては、例えば、Hugues Lagrange, *Demandes de sécurité. France, Europe, États-Unis*, Paris, Le Seuil/La République des Idées, 2003 et Didier Peyrat, *Éloge de la sécurité*, Paris, Gallimard/Le Monde, 2003（ユーグ・ラランジュ『安全への要求――フランス、ヨーロッパ、米国――』と、ディディエ・ペイラ『安全を讃えて』）を参照。不安全を蒙っている人々がしばしば社会的不安全を同じように生きている街区の住人であるがゆえに、それだけ一層このような不安全と闘うことは正当なのである。したがって、市民の不安全と社会の不安全との結合は犯罪行為の犠牲者に寄与するか、あるいはむしろ逆になるかのどちらかである。

〔1〕 Durkheim, Emile: 1858-1917. フランスの社会学者。『社会分業論』、『自殺論』、『宗教生活の原初形態』など。

〔2〕 Beck, Ulrich: 1944- . ドイツの社会学者。後期近代に「リスク社会」を見出す。邦訳書としては『ナショナリズムの超克――グローバル時代の世界政治経済学』（ＮＴＴ出版）、『グローバル化の社会学――グローバリズムの誤謬 グローバル化への応答』（国文社）、『危険社会』（『リスク社会』）（法政大学出版局）などがある。

〔3〕 資本の蓄積を支える商品が、物質的なものから非物質的なものへ、特に知識へと移行した今日の資本主義をこのように呼ぶ。

〔4〕 一九五〇年代フランスの政治、組合運動。商人や職人の保護を要求する中産階級による抵抗運動の一つである。戦後フランスにおける市場の再編に対する危機感からこのような運動が起こったと考えられる。

〔5〕 ジャン＝マリー・ル・ペンはフランスの政治家で国民戦線党首。移民排斥や、ＥＵ反対を唱える。彼の名を冠した極右ルペン主義はプジャード主義の流れを汲んでおり、社会的な不安、危機感を反映したものとして考えることができる。

〔6〕 白人低所得者層に対する蔑称。彼らの多くは、肉体労働や労行に従事し、しばしば黒人よりも悪い生活をしている。

〔7〕 Comte, Auguste: 1798-1857. フランスの哲学者、社会学の創始者。『実証哲学講義』、『実証政治体系』など。

第四章　リスクの新しいプロブレマティーク

〔1〕 Ulrich Beck, *Risk Society, op. cit.*（ウルリッヒ・ベ

ック『リスク社会』前掲書)。

(2) Patrick Peretti-Watel, *la Société du risque*, Paris, La Découverte, 2001(パトリック・ペレッティ=ワテル『リスクの社会』)を参照。

(3) 用心の原理は、こうした論理を極限にまで推し進めたものである。逆説的にも、決定を左右するのは不確実性なのである。この瞬間にではなくて明日にでも現れるかもしれないようなリスクの可能性に基づいて今日決意しなければならないのである。

(4) Anthony Giddens, *les Conséquences de la modernité*, trad. fr., Paris, L'Harmattan, 1994(アンソニー・ギデンズ『近代の諸帰結』)を参照。

(5) A. Giddens, *Modernity and Self-identity*, Stanford, Stanford University Press, 1991, p. 224(A・ギデンズ『近代と自己同一性』)。

(6) François Ewald, Denis Kessler, 《Les noces du risqué et de la politique》, *Le Débat*, n° 109, mars-avril 2000(フランソワ・エヴァルトとドゥニ・ケスラー「リスクと政治の結婚」『デバ』誌、第一〇九号、二〇〇〇年三―四月)。

(7) インタビュー、『リスク』(*Risque*)第四三号、二〇〇〇年九月。

(8) 国際的な大組織の中では、国際労働機関はおそらく現在、この憂慮を表す代表的なものである。残念なことに、この機関の干渉権は、例えば国際通貨基金が行使しうるものとは比較にならない。

(9) Marcel Gauchet, 《La société d'insécurité》, *in* J. Donzelot (sous la dir. de), *Face à l'exclusion: le modèle français*, Paris, Le Seuil, 1991(マルセル・ゴーシェ「不安全社会」J・ドンズロ編『排除と向き合う――フランスモデル』所収)。集団的強制のもとで個人を息詰まらせたというかどで不当にも非難されたデュルケームがこの点をすでによく見ていたように、次のように述べている。「国家が個人を解放したというのが真理である(……)。個人中心主義は国家中心主義と同じ歩調で進んだ」(『ルヴュ・フィロゾフィック』(*Revue philosophique*)第四八号、一八九九年)。

〔1〕 Giddens, Anthony: 1938- . イギリスの社会学者。邦訳としては『モダニティと自己アイデンティティ――後期近代における自己と社会』(ハーベスト社)、『社会学』(而立書房)、『近代とはいかなる時代か?――モダニティの帰結』(『近代の諸帰結』)(而立書房)などがある。

〔2〕 Ewald, François: 1946- . フランス知識人。コレー

ジュ・ド・フランスではフーコーの助手を務めた。『リスク』誌の編集委員。国立工芸学院の教授で、ＥＮＡＳ（国立保険学院）の所長を務めている。Ｄ・ケスラーとともに、リスクが社会全体に広がっていることを指摘した。

〔3〕Kessler, Denis: 1952– . フランス大資本家。フランス企業運動（ＭＥＤＥＦ）の副議長を務め、現在ＳＣＯＲ議長兼ＣＥＯ。

〔4〕Seilliéres, Ernest-Antoine: 1937– . フランスの企業家。ヴァンデル社の後継者の一人でＭＥＤＥＦの議長も務めた。

〔5〕Gauchet, Marcel: 1946– . フランスの歴史家、哲学者。邦訳に『代表制の政治学』（みすず書房）がある。現在、ＥＨＥＳＳ（社会科学高等研究院）の研究主任。ピエール・ノラとともに『デバ』誌を創刊した。

第五章　社会的不安全とどのように戦うか

（1）余すところなく論じるためには、社会的所有の重要な一部である公共サービスについて考察を加えなければならないと付言しておく。最近のアルゼンチンの財政破綻の例は、こうした主題の重要性の反証である。アルゼンチンが陥った社会的不安全は単に、中産階級を含め、大量の貧困の発生、社会状況の不安定化、あるいは社会的な手当の劇的削減によるものだけではない。それはまた完全民営化の途上にあった国家の公共サービスの破綻の結果でもある。私はここではこの点について解明することはできないが、公共サービスについて現在行われている再検討が取り扱う争点に関しては、以下に続く話題の中で直接触れるつもりである。

（2）Denis Olivenne, 《La société de transfert》, *Le Débat*, nº 69, mars-avril 1992（ドゥニ・オリヴェンヌ「所得移転社会」『デバ』誌、第六九号、一九九二年三―四月）を参照。一九九七年時点での社会的保護費用の八〇パーセントは、所得に対して課税される税金で賄われている。

（3）Bruno Palier, *Gouverner la Sécurité sociale*, Paris, PUF, 2002, p. 3（ブルーノ・パリエ『社会保障を統治すること』）。

（4）*Le RMI à l'épreuve des faits*, Paris, Syros, 1991, p. 63（『諸事実の試練にさらされるＲＭＩ』）。

（5）例えば、*Évaluation de la politique de la ville*, Paris, Délégation interministérielle de la ville, 1993, chap. I et II（『都市政策の評価』パリ、都市各省間委員会、一九九三年、第一章及び第二章）を参照。「地方の市民

権」についての非常に悲観的な総合評価に関しては、C. Jacquier,《La citoyenneté urbaine dans les quartiers européens》, *in* J. Roman (sous la dir. de), *Ville, exclusion et citoyenneté. Entretiens de la ville*, II, Paris, Éditions Esprit, 1993（C・ジャキエ「ヨーロッパの街区の都市市民」J・ロマン編『都市、排除、そして市民権——都市の維持——』）を参照。今日の問題が現実のものになって現れているという点や、米国の状況との比較に関しては、J. Donzelot, C. Mevel, A. Wyvekens, *Faire société*, Paris, Le Seuil, 2003（J・ドンズロ、C・メヴエル、A・ウィヴェケンス『社会を作ること』）を参照。

（6） 社会的ミニマムの受益権者の数はずっと増え続けているが、フランスの全人口の一〇パーセントを少し上回るだけである。

（7） 実際、労働によって作り上げられた無条件の手厚い保護と、雇用市場から外された人々に向けて行われる援助とのあいだの二分法は、あまりにも図式的すぎる。というのも、保険給付型の保護に対してもまた、受益権者の資力に応じてその多様化に沿って強い圧力が加えられている。われわれには、三つの極、あるいは三つの速度からなる保護体制の再編成化に向かっているように思われる。すなわち、一つは、税によって賄われる「国民的連帯」に依拠し、扶助の論理において最も貧しい人々に最低限の資産とセーフティネットを保証する（例えば一般医療保険や社会的ミニマムなど）保護である。二つは、雇用によって継続的に構築される基礎保険的保護。しかしそれは、保険の対象となるリスクと、リスク負担範囲の両方、あるいはどちらか一方の縮小を伴う（例えば、健康のリスクと、社会保障によって直接守られる保証率の両方、あるいはどちらか一方の減少である）。徐々に広がってきた、個人の選択に依存し個人によって賄われる、公的保険を補完する自己負担型保険（年金制の少なくとも一部積み立て型への転換）。背景から浮かび上がるのは、普遍主義的な社会国家から、「肯定的」差別化に従って機能している社会国家への移行である。この視点については、Nicolas Dufourcq,《Vers un État-providence sélectif》, *Esprit*, décembre 1994（ニコラ・デュフルク「選択的福祉国家に向けて」『エスプリ』誌、一九九四年一二月）を参照。

（8） この意味で、ジャン＝ミシェル・ベロルジェが薦めているものを参照せよ（Jean-Michel Belorgey *et al.*, *Refonder la protection sociale*, Paris, La Découverte, 2001［ジャン＝ミシェル・ベロルジェ他『社会的保護を再建すること』］）。

(9) Alexis de Tocqueville, *Mémoire sur le paupérisme*, Académie de Cherbourg, 1834（アレクシス・ド・トクヴィル『恒久的貧困についての覚え書き』）。

(10) ドゥニ・カストラ『不安定な人々の職業参入』（Denis Castra, *l'Insertion professionnelle des publics précaires* Paris, PUF, 2003）へのフランソワ・デュベ（François Dubet）の序文を参照。

(11) ここでわれわれは、アルジェリアの下層プロレタリアートの未来に関する苦難についての、ピエール・ブルデューの古典的分析を想起することができる。P. Bourdieu（avec A. Dabel, J.-F. Rivet, C. Seibel）, *Travail et travailleurs en Algérie*, Paris, Mouton, 1964（P・ブルデュー［A・ダベル、J-F・リヴェ、C・セイベルとの共著］『アルジェリアにおける労働と労働者』）を参照。

(12) この支えの概念は個人が積極的に行動することができるために必要な資産の土台とみなされるが、この概念の明白化に関しては、Robert Castel, Claudine Haroche, *Propriété privée, propriété sociale, propriété de soi*, Paris, Fayard, 2000（ロベール・カステル、クロディーヌ・アロシュ『私的所有、社会的所有、自己所有』）を参照していただきたい。

(13) 参入最低限所得（RMI）をめぐる現行の地方委員会の機能の仕方や、それらの不十分さについては、Isabelle Astier, *Revenu minimum et souci d'insertion*, Paris, Desclée de Brouwer, 1997（イザベル・アスティエ『最低賃金と参入に対する懸念』）を参照。

(14) 「狭き道」でありながらも、積極的な社会政策を推進するために必要な、こうした社会参入の考え方に関しては、P. Rosanvallon, *la Nouvelle question sociale*, Paris, Le Seuil, 1995, chap. 6（P・ローザンバロン『新しい社会問題』第六章）を参照。理論的には、援助を受ける権利のスティグマ的性格を乗り越える別の可能性が存在する。それは、無条件的にそしてすべての人に対して、権利上、生存のための収入を認めるということであろう。この可能性は、とりわけこうした選択の擁護者によって提案された多様な選択肢——一律支給、市民権による収入、生存のための収入、社会的担保型収入——によって複雑な論議を呼び起こしている。保護政策の最低限の要求に関するこのような考察から出てくる立場を非常に図式的にまとめると次のようになる。特に推奨された大部分の選択肢において、最低収入の設定はむしろ結果として状況の深刻化を招き、雇用市場の悪化を取り返しのつかないものにしかねない。実際このような選択肢は、ごく当たり前の生活を送るためには不十分であり、当たり前のいかなる犠牲を払ってでも不足分を補わざるをえないような──特にどんな条件の仕事でも受け入れることによって──みすぼらしい生活収入の提案である。労働と保護とを完全に切り離すことによって、最低収入はこうして労働市場を「自由化」し、ミルトン・フリードマンのようなウルトラリベラリストたちによって待ちのぞまれた、野蛮なリベラリズムの展開に対する唯一の「社会的」対抗策となる。それと同時に、この最低収入の考え方によって、日常の労働市場への復帰を保証するための積極的な社会参入政策のあらゆる努力が無効になってしまう。この選択肢と精力的に戦った果てにそれを採用したアンドレ・ゴルツ（『現在の悲惨、可能性の豊かさ』（André Gorz, *Misère du présent, richesses des possibles*, Paris, Galilée, 1997）の表現を借りれば、「十分な」収入、すなわち受益権者の社会的独立を確保するに足る十分な給付が問題である場合には、事情はまったく異なるであろう。おそらく、金額を安く抑えてこうした支給を最低賃金の値段のあたりに設定する必要があるだろう。この最低賃金は労働に見合うものではないが、あらゆる市民に保証されている。一方ではこの手当が他の社会給付金を安く抑えるが、他方ではこのことは間違いなく副作用を伴うという事実を考慮したとしても、この政策が現在の情勢において政治的に採用されることがほとんどないということがなぜなのかはっきりしない。それはおそらく一つのユートピアなのである。しかし、他の選択肢の探求を阻害してしまうような危険なユートピアもありうる（この問題については、とりわけ『マルチチュード（*Multitude*）』誌特集号、第八号、二〇〇二年を参照。この雑誌は、私の書いた部分は別にして、こうした方策に対する擁護と例証化の方向へと進んでいる）。

(15) Robert Lafore,《Du contrat d'insertion au droit des usagers》, *Partage*, n° 167, août-septembre 2003（ロベール・ラフォール「社会参入契約から利用者権へ」『パルタージュ』誌、第一六七号、二〇〇三年八─九月）を参照。

(16) 例えば、A・ゴルツ『現在の悲惨、可能性の豊かさ』前掲書を参照。また、Viviane Forrester, *l'Horreur économique*, Paris, Fayard, 1996（ヴィヴィアン・フォレスター『経済恐慌』）。例えば、労働の終焉を予言したすべての人は何年か前に追い風に乗っていたように見えるが、彼らへの支持は今日幸いなことに下火になったように思われる。

(17) こうした雇用の社会的地位の構築や、それと自由主義の影響を受けた労働契約との違いに関しては、Alain Supiot, *Critique du droit du travail*, Paris, PUF, 1994（アラン・スピオ『労働法批判』）を参照。もちろん、雇用には、例えばおそらく最も保護された公務員のような地位を始め、たくさんの社会的地位が存在する。しかしながら、すべての古典的雇用は、民間企業を含めて、身分保障付の雇用であり、それは労働法と社会的保護によって守られている。

(18) A. Supiot, *Au-delà de l'emploi*, Paris, Flammarion, 1999（A・スピオ『雇用の彼方へ』パリ、フラマリオン社、一九九九年）。

(19) *Ibid.*, p.89（同書、八九頁）。

(20) 私の意見では、一般工場労働者から役員まで、民間の従業員から公務員に至るまで非常に広範囲にわたる、賃労働社会の雇用全体の特性を形容するために「フォーディズム的な賃金関係」という表現がしばしば乱用されてきたように思われる。今日どの程度まで「雇用の彼方」へ行かねばならないかを自問するとき、この指摘は重要である。かつて「手仕事」、すなわち手仕事に就いていた者の社会的独立を保証する安定的な職業的資格と呼ばれたものに対応する多くの雇用が今なお残っているように思われる。したがって、雇用モデルを完全に精算することによって、逆に幻を追って現実を失うというリスクが出てくることになるだろう。この観点に関して最初に説明を試みたのは、次の論文である。Robert Castel, 《Droit du travail: redéploiement ou refondation?》, *Droit social*, n° 6, mai 1999（「労働法——再編成か再構築か」『ドロワ・ソシアル』誌、第六号、一九九九年五月）を参照。

(21) Bernard Gazier, *Tous《sublimes》. Vers un nouveau plein employ*, Paris, Flammarion, 2003（ベルナール・ガツィエ『人はみな「崇高」である——新たな完全雇用に向けて——』）。

(22) *Ibid.*, p. 162（同書、一六二頁）。

(23) この「新しい資本主義」の特徴と本性に関しては、ベルスロン編『われわれは産業資本主義から脱出したか』前掲書という刺激的な討論を参照。

(24) Daniel Cohen, *Nos temps modernes*, Paris, Flammarion, 1999（ダニエル・コーエン『われらの現代』）を参照。

(25) 二〇〇六年から二〇〇七年以降は、フランスの労働人口は平均一年につき三〇万人前後減っていくはずである。そこから、最も楽観的な人々は二〇一〇年の末までに完全雇用の回復が見込まれると予測する。しかし、未来がそうなるには多くのことがなされなければならないだろう。

〔1〕 Olivennes, Denis:1960– . フランスの高級官吏、企業主。現在、週刊誌『新しい観察者』の製作責任者などとして活躍。

〔2〕 Palier, Bruno. パリ政治学院の研究員。フランス、ヨーロッパの社会保護システムの再建について研究している。

〔3〕 一九八八年施行。収入の不足や欠如だけを要件とする最低限所得保障制度。受給者の能力に応じた参入契約が結ばれる。

〔4〕 無拠出最低限所得保障制度。老齢最低限所得や障害者最低限所得など、条件付の社会手当であり、受給者は限られている。RMIも社会的ミニマムのうちに数えられる。

〔5〕 Tocqueville, Alexis Charles Henri Maurice Clérel de: 1805–59. フランスの政治家、作家。『アメリカのデモクラシー』など。

〔6〕 Supiot, Alain：フランスの労働法研究者。『法的人間――権利の人類学的機能論』など。

〔7〕 フレキシビリティとセキュリティを組み合わせた造語。特にデンマークで実施されている政策を指す。流動化多様化する労働市場において、失業者に手厚い給付を行い、また彼らに対して職業訓練として技能向上を奨励する。

〔8〕 ワークフェアは労働や再就職訓練を義務付けることによって生活の援助をはかるが、ラーンフェアは新たな技能や知識を身に付けることによって就労を支援する訓練プログラムである。

〔9〕 Schmpeter, Joseph Alois: 1883–1950. オーストリアの経済学者。イノベーションによる経済の発展を理論化した。『経済理論の発展』、『景気循環の理論』など。

結　論

(1) Saint-Just,《Fragments sur les institutions républicaines》, *Œuvres complètes,* Paris, éd. C. Nodier, 1831. Éd. de 1984, p. 969（サン・ジュスト「共和制についての断章」全集、パリ、C・ノディエ編、一八三一年、一九八四年版）。

〔1〕 イタロ・ズヴェーヴォ「ゼーノの苦悶」（清水三郎治訳）『世界の文学1　ジョイス／ズヴェーヴォ』一九七八年、集英社。

解説

ロベール・カステル（一九三三― ）はフランスの社会学者であり、社会科学高等研究院（EHESS）で教鞭をとっている。六〇年代にはピエール・ブルデューとともに仕事をしており、七〇年代にはミシェル・フーコーと接近していたようである。EHESSのＨＰ上の紹介（http://cems.ehess.fr/document.php?id=159）によれば、彼は七〇年代初頭から八〇年代初頭にかけて、精神医学や精神分析、心理学的教養について研究していた。その業績のいくつかは、ドイツ、イギリス、スペイン、イタリア、ポルトガルといった国々で翻訳されている。彼はそれ以降、社会的介入、社会的保護、社会的政治の変化、労働や雇用の変化について研究するようになった。これらの研究において、彼は賃労働社会の形成過程、また社会的統合と現代個人の地位にかんするダイナミズムによって引き起こされる七〇年代中頃からの賃労働社会の衰退過程を分析している。数多くの業績があるが、単著としては次のものが挙げられる。

La discrimination négative. Citoyens ou indigènes ?（『消極的差別――市民、あるいは先住民？』）, Paris, La République des idées/Seuil, 2007

L'insécurité sociale. Qu'est-ce qu'être protégé ?（『社会の安全と不安全——保護されるとはどういうことか』）, Le Seuil/La République des idées, Paris, 2003

Les Métamorphoses de la question sociale. Une chronique du salariat（『社会問題の変容——賃労働者のクロニクル』）, Fayard, Paris, 1995, réédition Folio-Gallimard, Paris, 2000

La gestion des risques（『リスク管理』）, Editions de Minuit, Paris, 1981

L'ordre psychiatrique（『精神医学の秩序』）, Editions de Minuit, Paris, 1977

Le psychanalysme（『精神分析主義』）, *l'ordre psychanalytique et le pouvoir*（1ère édition）, Maspero, Paris, 1973, rééditions 10-18, 1976 et Champ-Flammarion, Paris, 1981

カステルの文章で日本語に翻訳されているものとしては「社会的所有」（北垣徹訳、『現代思想』二〇〇七年九月号、青土社）という論文がある。タイトルのとおり、本書においても重要な役割を担っている「社会的所有」について詳しく説明されている。またカステルに関する論考としては、宇城輝人の「労働と個人主義——ロベール・カステルの所説によせて」（『VOL 02』以文社、二〇〇七年）がある。

＊

まず本書の内容を簡潔にまとめてみよう。議論は一貫して「保護されるとはどういうことか」という問いをめぐって展開されている。それは、法治国家と社会国家、国家による保護システムの弱体化、リスク概念の拡大、保護システムの再編成についての原理的かつ現実的な議論である。非論理的、イデオロギー的、ユートピア的な議論は一切見当たらない。

▼第一章

「基本的自由を保証し、法治国家の枠内で財産や人間の安全を確保する」ことを主眼とする「市民的保護」は、個人によって形成される近代社会を根本から支えている。個々人の安全と独立を確かなものとする私的所有が保護される限りで「市民的安全」は保たれる。「個人社会」において国家が要請されるのは、それが私的所有の侵害を厳格に取り締まることができるからである。

しかしその性格からして「市民的保護」は避けがたい矛盾を抱えている。この矛盾は近代人に固有の不安感となってあらわれる。「不安感は、……保護の不十分さからではなく、ホッブズが近代の黎明期にその深い根源を明らかにした保護に対する需要の根本的性格から生じるということを理解できるだろう。……諸個人の社会では、個人それ自体は近親者同士の保護の外に置かれているがゆえに、保護の需要は限りないものとなり、それは絶対主義国家の枠内でのみ果たされることになる……。しかしこの同じ社会は自由の遵守の要求と法治国家においてのみ開花しうる個人の自律性とを同時に発展させた。現代の不安感の現実的であるとともに非現実的な性格は、日々体験される、保護の絶対的需要と法律尊重主義との間の矛盾の結果として理解されうる」。誰からも守られず、傷つきやすく、脆い近代人は、相容れない二つの欲望によって引き裂かれている。安全を保障する絶対的権力、リヴァイアサンを要求すると同時に、法治国家、民主主義国家の枠組みの中でのびのびと自由を謳歌することを願っているのである。

▼第二章

たとえ法治国家において「市民的安全」が十分に保証されているとしても、人口の圧倒的大多数を占める「持たざる者」にとってはなんら意味をなさないことは明白である。そもそも彼らには生活を維持するための資力が欠けている。したがって最低限の生活、「社会的安全」を「社会のすべての構成員」に保証する「社会国家」が構想されなければならない。カステルは「社会国家」に二つの主要な役割を見出す。つまり「雇用をしっかりと守ること」と「社会的所有を構築すること」である。前者において、「労働は、雇用、すなわち地位を与えられた一つの身分となり、その身分は、最低賃金保障、労働法による保護、事故や病気の際の補償、年金保障等のような非市場的保証を含んでいる。これに応じて、労働者の状況は、明日を心配しながら日々を生きざるをえない不安定な状態ではなくなる」。労働の地位が強化されることによって、労働者に「社会的市民権」が保証される。それは「私的所有」によってのみ確保されるうる市民権が、労働を通じて獲得される権利、「社会的所有」によっても同等に確保されるようになったことを意味する。

もちろん「社会国家」において「事実上の平等」が達成されることはない。労働者間の所得格差は同じように残り続ける。しかし非常に重要なことであるが、「そのすべての構成員は、相互依存の関係を維持している」。彼らは「共同の資産と共同の権利を自由に使うことができる」。この相互依存関係によって、「無産階級」に固有の「社会的不安全」が解消され、「同胞社会」が作り上げられる。「社会国家」は、あらゆる労働者を相互に依存する「同胞」へと仕立て上げ、社会的不安全、リスクを抑制するのである。

しかしながら、この「同胞社会」が維持されるには二つの条件が必要であることも指摘しておかなければならない。「経済成長」と「個人の保護団体への加入」である。経済成長は未来へと希望を抱くことをわれわれに許す。今日よりも明日がよくなるという実感がある限りで、今日の苦しみや不満足、不平等を納得して引き受けることができる。また、労使間の労働協約という集団的審級において獲得されるからこそ、労働の確固たる地位は保証される。この審級が想定されなければ、雇用者と被雇用者の立場はきわめて不平等なものにならざるをえない。これら二つの条件が維持されなければ、「賃労働社会」における同胞たちの絆は断たれることになるだろう。

▼第三章

現代社会においてこの二つの条件は根本から揺るがされている。「社会国家」あるいは「国民・社会国家」において、あらゆる労働者は市民的かつ社会的な安全が保証されるにいたるが、この集団的保護システムは一九七〇年代以降急速に弱体化していくことになる。これは国家の弱体化と結びついている。ヨーロッパ共同体の構築と交易のグローバル化への要求が高まるにつれて、国民国家は市場を抑制することができなくなった。主導権は企業へと移る。「これ以降、国家の目標は、給料の支払いと社会保障費の雇用者負担金による重荷を軽減することによって、資本の収益率を高めることであり、労働の構造化に関する法律によって保証された一般的規制の衝撃を和らげることである」。したがって、賃労働者の利益を擁護し、ある程度まで市場を馴致することに成功してきた「社会国家」は、その成立基盤を放棄する。労働者を結び付けてきた集団的審級は崩壊し、連帯していたはずの労働者のあいだで競争が始まる。

労働は「脱画一化」し、職業上の経路は流動化する。ここには当然責任の個人化、自由の義務化がともなう。そして労働者間のあらたな競争は勝者と敗者を決定するだろう。しかし敗者が必要とする集団的保護はすでに失われてしまっているのである。

こうした状況、集団的システムの崩壊の帰結として「危険な階級の回帰」を想定することができる。「たとえ『排除された人々』とはいえ、誰ひとりとして社会の外にいるわけではなく、脱集団化そのものはある種の集団的状況なのである」。彼らは「世界の悲惨の大部分を支える階級や集団」である。「共通条件がむしろ悪化していくような、上昇ではなく下降への社会移動にさらされている集団がある。この集団は特別な土壌をなしているが、そこには不安感が広がっており、この不安感の集団的次元を説明するためにはこの土壌を捉え直さなければならない」。

カステルはこの「土壌」について次のように説明する。「今日不安全の高まりについて語るのは、大部分は、徐々に変化する世界の中で自分の未来を支えることができず、道端に捨て置かれたと思い込んでいる一部の人々が存在しているからである。したがって、この一部の人たちが大切にしている価値は、彼らが恐怖感を抱いている未来に向けられるのではなく、むしろ過去にあるということがよくわかる」。排除され、「使い物にならなく」なった人々は、保護の枠組みからはずれており、社会的な不安全の状態に置かれている。彼らが未来に対して諦めの感情しか抱くことはできないのはそのためである。彼らははからずも、かつてのプロレタリアートのように、社会的リスクとしての「危険な階級」という「特別な土壌」を体現しているのである。

第四章

しかしもはや生きるうえでのリスクは一部の人々に限られたものではない。一九八〇年代以降、事故や病気、失業といった「古典的リスク」から身を守ることが再び困難になると同時に、「新世代リスク」があらわれた。例えばチェルノブイリの原発事故や狂牛病を思い起こすことができる。これら新しいリスクは、「産業的、科学技術的、保健衛生的、自然的、生態的」な新しい脅威であり、われわれはそれを前にして為す術なく「一般的無力感」に陥ってしまう。

そしてこの二つのリスクが複雑に結びつくところに、現代のリスク過敏、リスク概念のインフレーションは説明される。しかしこれらは厳密に区別される必要がある。つまり「今日リスクによって理解しているものにおいて、社会化可能であるがゆえに統御しうる生存の偶発事と、対処不能であってもその存在を認めざるをえない脅威――したがってその社会が引き受けなければならない保護計画の、おそらく一時的ではあるが現時点では乗り越えがたい限界として受け入れなければならない――とを区別する必要がある」。リスクを触れ回るだけでは、無力感や諦めを招くだけであろう。努力をもって対処できるリスクと、当面棚上げすべきリスクを見極めなければならない。

したがって、次々と危険を作り出し、一向に埒があかない「リスク文化」における有効な「保護」を追及しなければならない。われわれはまず「問題となっている『新しいリスク』が現れて以降、リスクの増加が社会的政治的次元を含まないかどうかを自問」すべきなのである。そして環境汚染や温室効果といったリスクは「実際に、行き過ぎた生産至上主義と地球資源の野蛮な開発との自然的な均衡に対するブーメラン効果のようなものである」。このようなリスクの多くは、運命のように受け取られるべきではなく、適切な対処法が創造されるべき社会的政治的問題なのである。

そしてカステルは次のように言う。「このような形態の脱集団化と、労働力の、しかしその上さらに多くの社会的経験領域の一般的流動化を引き起こしているのは、交易のグローバリゼーションと競争の激化を媒介とする現行の資本主義の変容なのである。取るべき立場はこのような変化を過小評価することでなく、問題を立て、困難ではあるが、いかなる保護の形態がわれわれが直面している生産力及び生産様式の混乱と両立しうるかを知ることである」。新たな保護の構築は、現行の資本主義としっかりと向き合うことによってなされる必要がある。保護システムは不安全の実情に対応していなければ意味がない。

またそれは、個人化‐脱社会化の進む今日においても、集団的審級において構築されなければならない。安全は、現代の諸個人において完全に内面化されており、一種の「自然状態」となっている。しかしこれは人工的な「自然」である。自然を自然に保つことはできない。近代社会において集団的審級における手厚い保護がなければ、われわれは安全でいられるはずがない。脆さや繊細さを保つのにたった一人では立ち行かないのである。

第五章

保護システムの現代的な再編成を考えなければならない。カステルは、社会的保護と、労働状況と職業上の経路の安定化に焦点を絞り、この再編成を検討する。

これまでも見てきたとおり、古典的な保護のシステムは、財政的に、それにもまして構造そのものにおいて、機能不全に陥っている。この構造は「同質同種の人々に支えられ、彼らの提供分を自動的で匿名的な仕方で配分している。そのため、彼らの提供分は保護を待つ個人の状況やプロフィールの多様性をはじめから考慮に入れることができないものになっている」。こうして「柔軟性」を特徴とする「新たな社会保護体制」が求められる。保護を受ける人それぞれの特殊な事情に応じて保護の方策は多様化される。具体的には、その最たる例として参入最低限所得（RMI）を挙げることができる。これは受益権者の能動化を促すという点で、古典的保護とはまったく異なっている。つまり古典的保護はもっぱら給付の受動的消費を前提としているが、新しい保護は「参入契約」をも含んでいる。しかしここで指摘しておかねばならないのは、これが「保護の個人化へと向かう政策」であるということである。「行動を促すようなやり方によって、まったく持たざる人々に対して――しばしば多くを持つ人々以上に――多大な要求をすることは逆説的なことである」。したがってRMIを筆頭に、個人の奮起を要求する「都市政策」や「社会的ミニマム」とは別の集団的保護システムを考えなければならない。

ここで二つの問いが提起される。一つは、「安定した労働条件に結び付いている限りで有効であるような社会的リスクから身を守るセーフティネットと、社会的困窮の状況の多様性に対応するための多かれ少なかれ状況に適ったさまざまな援助とのあいだの二分化」をいかにして乗り越えるか、という問いである。今日「最も貧しい人々」に対してなされる「援助」に社会的連帯や結合の創出は期待できない。それは社会的相互依存を促すものではない。反対に社会的な二分化、分裂をますます広げてしまうことになるだろう。したがって、次のように答えることができる。「第一の改善策としては、物質的損害だけではなく、給付分配の非持続性や給付授与の恣意性を生み出すさまざまな状況を乗り越えて、権利の持続性を確保することであろう。すなわち、同質的な権利体制が保険給付型の保障に依存しない保護の領域をカバーするということは、現実主義という利点を持つ提案であり、たとえその財政的コストがあったとしても、それは非常に理にかなったものであろうし、技術的な適用の難しさも何ら障害とはならないだろう」。

もう一つの問いは、社会的であると同時に市民的な保護にかかわるものである。すなわち「援助を受けるという権利は社会的市民権の基礎となりうるのだろうか」という問いである。西欧社会において、援助を受けることは市民性の欠如を意味する。持たざるものは市民として認められない。しかし援助と社会的市民権をしっかりと結びつけることによってこの問いに答えることができる。「将来の自分を思い描くことができるためには、現在において最低限の安全を持っていなければならない。したがって、困難に陥っている人を一人の個人として真剣に扱うことは、正当な権利を持つ一人の個人として行動するためにその人に欠けている支えを自由に使えるようにさせてあげることである。この支えは、物質的な資力、心理的な援護だけではなく、独立の条件を確保するために必要な権利と社会的承認でもある」。こうして援助を受ける人々は「社会的市民権の特典を一時的に喪失した仲間」となる。

二つの問いとそれに対する答えを合わせて考えるならば、今日新しい社会的保護システムが集団的審級において機能するためには、「権利の持続性」を保証し、「困難な状態にある人々の復帰を目指す実践の持続性と同調化を押し進めなければならない」。そしてこれを実行する「真の社会参入のための集団的組織」が設立されなければならないだろう。そもそも社会的保護とは「同胞社会」を可能にする連帯を含意するものであり、そのためにあらゆる時代に適う方策がとられなければならないのである。

カステルはまた、労働状況と職業上の経路の安定化の重要性を指摘する。保護と労働は不可分な関係にある。今日においても労働が保護を保証することに変わりはない。したがって、今日流動化している労働を安定化させることは保護システムの再編成の際に不可欠な視点となる。つまり「不確実な状況を安定化し、行き先の定まらない航路を確かなものにすることができる新しい権利」が探求されなければならない。ここでカステルは「多くの分野において雇用が、安定した体制から、転職、転進、休職期間、ときに離職を含む移行的体制とでも呼ばれるべきもの」への移行を保証する「移動権」を提示する。この権利によって、「仕事には就いていないが社会的に進路の用意された一連の段階は、職歴を中断させるのではなく、むしろ職歴の構成要素になる」。具体的には、「研修を受ける権利」を確立し、「フレクシセキュリティ」を行うことが、再編成の方策として提案されている。労働をどうにかして安定化させることは、現代の不確実な状況と予測不可能な未来に対する一定の安定化、安全の確保を意味する。

問題をいくつか提起しよう。本書の議論において中心的な位置を占めている「社会的所有」あるいは「集団的保護」という概念は、相対立するかのようにみえる二つの価値、「自由」と「安全」を接合することによって導き出される。ここでわれわれはデュルケームを通じてカステルが語る言葉を思い出すことができる。「社会学とは、すなわち集団の力の自覚である。諸個人の集団組織のシステムへの編入や再編入は、近代がもたらす社会の解体というリスクへの回答であり、安定的かつ統合的社会の確立は、自由主義の原理ではもはや不可能であることが意識されるようになって以来、避けがたいものとなった、保護問題への回答でもある」。集団という独特の奇妙な次元が発見、発明されることによって、はじめて「社会国家」における「社会的所有」や「集団的保護」を語ることができるのである。

しかし今日において、「社会国家」は著しく弱体化し、集団的審級は機能不全に陥っている。新しい保護システムが構築されなければならない。ここでデュルケームは敵対しているはずのタルドと手を組むことになるだろう。詳述は避けるが、タルドの「所有の哲学」において想定される「所有」とは最も広い意味での「社会的所有」である。それはデュルケームのいう「広義の制度」を可能な限り細分化し流動化させたものであるとみなすことができ、信仰や観念、意思や欲望といった非物質的なものの所有あるいは共有を意味する。現在の社会的所有が共通財の所有には収まりきらない射程を示していることは明らかであるが、それを検討し直すことを通じて、新たな保護システムを創造し、現在の困難な状況に立ち向かうことができるようになる。これは世紀をこえてデュルケームとタルドを仲直りさせることであるといえる。

またカステルが指摘する通り、「社会国家」あるいは「同胞社会」は、未来への希望と集団的連帯という二つの条件がなければ立ち行かない。しかしながら、もはや「経済成長」に希望が映し出されることはないし、旧来の労使交渉も時代遅れになってしまった。われわれはまったく新しい「資本主義」、新しい「連帯」を発見しなければならない。日本における例をひとつ挙げるとすれば、集団的連帯に関して一連の「ユニオン」の活動を参考にすることができる。本書の議論に即していえば、それは、新しい集団的審級を作り出し、時代に適合した保護システムを構築することを目指す活動だということができるだろう。かつての労働運動の回帰とはすぐに片付けることはできない新しい運動が、いたるところでなされているのであり、そうした現状を正しく認識しなければならない。

最後に指摘しておかねばならないのは、本書は社会の安全や不安全について考察するための基本的かつ有効的な枠組みをわれわれに提供してくれるということである。一読すればわかるように、場当たり的ではない社会保護システムの再編を可能にする基盤を本書は提示している。われわれは議論の出発点をここに置き、生を窒息させることのない自由と安全をたえず追求しなければならない。

稲川 義隆

訳者あとがき

本書は、ロベール・カステル（Robert Castel）の*L'insécurité sociale: Qu'est-ce qu'être protégé ?*, Éditions du Seuil et La République des Idées, 2003の全訳である。多分、本書が日本でのカステルの著作の初めての翻訳のはずである。論文の翻訳も、私の知るところでは、わずかに一つのみで、今のところ日本ではほとんど知られていないと言ってもよい。本書の解説並びにカステルの紹介については、稲川義隆のそれに任せるとして、ここでは本書の成立までの過程を簡単に記しておくことにする。

本書は、「観念の共和国（La République des idées）」コレクションの一冊として六年前にフランスで出版されたものであるが、一読してすぐに翻訳を思い立つほど、興味深い内容であった。巻末に掲載された、このコレクションの趣旨はこうである。「このコレクションに与えた名前、諸観念の共和国は、国際的な知的アトリエである。その使命は、現代の大きな問題点、民主主義の変化、資本主義と不平等の変容、国際関係の新たな展開などのような問題に対して、独自の分析と観念とを産み出すことにある。同じく、観念の共和国は、海外の多くの雑誌やシンクタンクとの関係において、世界各地の知的生活についての情報伝達と交流の拠点でもある」（republique-des-idees@wanadoo.fe）。カステルのこの著作はこの趣旨にふさわしいものであり、そこには「独自の分析」があり、すぐれた知性のもつ並外れた理解力の深さと的確な歴史的洞察が認められる。それはいわば現代社会に立ち向かうための対抗研究、一種のカウンター・スタディーズとも言うべき模範になりうるものである。

フランス語のテクストの裏の扉のごく簡単な文章が本書の内容を的確に紹介しているので、それをここで訳出しておこう。「法治国家と社会国家の結合は『同胞社会』の構築を可能にする。この社会においては、各人は、たとえ厳密な平等をもてないとしても、独立した人格として認められ、生活のさまざまな変転（失業、老齢化、病気、仕事上の事故……）から守られることに、要するに『保護される』ことになるだろう。市民的と社会的という、この二つの契約は、今日脅かされている。一方では、フラストレーションを作り出しかねない際限のない保護への要求によって。他方では、社会国家が作った防御壁を徐々に浸食しつつある一連の変化、個人化、保護に当たる集団の崩壊、労働関係の不安定化、『新たなリスク』の増大などといった変化によって。こうした新しい社会的不安全といかにして戦うのか。『個人社会』において保護されるとは何を意味するのか。これらの問いにこそ、ロベール・カステルは答えようと試みている」。ここでは、これ以上、付け加えることはないだろう。後は、本文を読み、カステルとともに、われわれが今そこで生き、呼吸し、苦しみ、そして楽しむ現代という時代の難しさ、怖さ、奇妙さ、面白さ、そして何よりもそのプロブレマティークを掴み取っていただきたい。

翻訳にあたっては、まず岩崎陽子が下訳を作り、それをアンヌ・ゴノンが検討し、最後に庭田が全文を再検討し、訳文を作り上げた。なお、最後の読み合せの際、三人の同志社大学の大学院生、服部敬弘〈哲学専攻〉、稲川義隆〈社会学専攻〉、橘智朗〈哲学専攻〉のお世話になった。特に稲川義隆には、解説と訳注も担当していただいた。彼らに感謝したい。この翻訳が少しでも多くの人に読まれることを祈っている。カステルの翻訳はなじみがなく、誤訳や誤読の可能性を排除できない。訳者としては、多くの人のお知恵をお借りしたいと考えている。

最後に、今回もまた編集の労を取ってくださった、萌書房の白石徳浩さんにお礼を申し上げる。これまでも何度も一緒に仕事を進めてきたが、今回もまたかなり無理を強いることになった。本が好きな私にとってはきわめて残念なことだが、厳しさを増す出版事情にあって、良書の出版もなかなか困難になりつつあるなか、心強いパートナーとして共に本作りに携われることは喜びである。「観念の共和国」ならぬ、「本の共和国」に幸あれ。

なお、本書は〈同志社大学ヒューマン・セキュリティ研究叢書〉の一つとして出版されるものである。

二〇〇九年一月

訳者を代表して　庭田茂吉

■著者紹介

ロベール・カステル（Robert Castel）

＊「解説」参照。

■訳者紹介（「解説」執筆者を含む）

庭田 茂吉（にわた しげよし）

現在，同志社大学文学部教授。専門分野：哲学・倫理学。主たる著作：『ミニマ・フィロソフィア』（萌書房），『見えるものと見えないもの――ミシェル・アンリの「生の哲学」のために――』（晃洋書房），『不安社会のアナトミー――同志社大学ヒューマン・セキュリティ研究センター公開講座の記録――』（編著：萌書房）ほか。

アンヌ・ゴノン（Anne Gonon）

現在，同志社大学言語文化教育研究センター教授。専門分野：社会運動の社会学。主たる著作：*La vie japonaise,* Paris, Presses Universitaires de France «Que sais-je?» 1995. *Précarité et isolement social - le monde des travailleurs journaliers japonais,* Tokyo, Maison franco-japonaise, 1995.

岩﨑 陽子（いわさき ようこ）

現在，同志社大学嘱託講師。専門分野：食の安全・安心，感性学。主たる著作：「調理と身体――『おにぎり調査』の結果から――」（『同志社大学ヒューマン・セキュリティ研究センター年報』第5号，萌書房），「属人器とセクシュアリティ――『食のパーソナル・スペース』の視点から――」（同第4号），「食・不安・生――食O-157発生以降にみるリスク・コミュニケーション――」（『ヒューマンセキュリティ・サイエンス』創刊号）ほか。

稲川 義隆（いながわ よしたか）

現在，同志社大学大学院総合政策科学研究科博士課程後期在籍中。専門分野：社会学。主たる著作：「タルド――社会と模倣――」（山形頼洋編著『社会と感情』萌書房），「公衆について――タルド『世論と群集』のために――」（『ヒューマンセキュリティ・サイエンス』第3号）ほか。

同志社大学ヒューマン・セキュリティ研究叢書
社会の安全と不安全――保護されるとはどういうことか――

2009年4月20日　初版第1刷発行

訳　者　庭田茂吉／アンヌ・ゴノン／岩﨑陽子
発行者　白 石 徳 浩
発行所　萌《きざす》　書　房
〒630-1242　奈良市大柳生町3619-1
TEL（0742）93-2234／FAX 93-2235
[URL] http://www3.kcn.ne.jp/~kizasu-s
振替　00940-7-53629
印刷・製本　共同印刷工業・藤沢製本

ISBN978-4-86065-043-8

〈同志社大学ヒューマン・セキュリティ研究叢書〉刊行の辞

ヒューマン・セキュリティ（人間の安全保障）ということばは、一九九四年に国連開発計画（UNDP）の報告書の中で初めて使われ、その後、国連の諸機関を中心に様々な意味合いで用いられるようになった。例えば、国際法・国際関係の分野では、〝安全保障〟の概念は、「国家の安全保障」として用いられてきた。しかし、「人間の安全保障」は、国家自体の独立や領土を保障するとしても、国家を構成する個々人の安心・安全に繋がらなければならない。現在、二〇〇ばかりの主権国家が存在するが、その中には国内における民族・宗教の対立が国民個々人の安心・安全を脅かしているものが少なくない。また、多くの国家では、人口の少子化や老齢化が大きな社会不安を引き起こしている。すなわち国家を構成する個々人の安心・安全を保障する機能は、種々の面で破綻をきたしている。いや、そればかりではない。個々人の生活に物質的安定をもたらすはずの科学知識や技術の発展が、逆に新しい社会不安の原因ともなっているのである。

同志社大学では、ヒューマン・セキュリティということばの多義性を明らかにするとともに、この概念を通して人間の様々な社会的・個人的な活動を再検討し、それぞれの課題を研究し、人類の未来を導く、現代の新しい学問を創造することを決意して、二〇〇三年四月にヒューマン・セキュリティ研究センターを開設した。以来、研究活動を続け、そこにおいて蓄積された研究業績を継続的に〈同志社大学ヒューマン・セキュリティ研究叢書〉として刊行するに至った。本叢書はヒューマン・セキュリティ研究の先進的役割を果たし、かつ、二一世紀の新学問領域の光栄ある推進者となることを目的といたしたい。

〔二〇〇四年一一月二九日〕